Obras de Philip Roth publicadas pela Companhia das Letras

Adeus, Columbus
O animal agonizante
O avesso da vida
Casei com um comunista
O complexo de Portnoy
Complô contra a América
Entre nós
Fantasma sai de cena
Os fatos
Homem comum
A humilhação
Indignação
A marca humana
Nêmesis
Operação Shylock
Pastoral americana
Patrimônio
O professor do desejo
O teatro de Sabbath
Zuckerman acorrentado

PHILIP ROTH

Os fatos
A autobiografia de um romancista

Tradução
Jorio Dauster

Companhia Das Letras

Copyright © 1988 by Philip Roth
Todos os direitos reservados.

*Grafia atualizada segundo o Acordo Ortográfico da Língua Portuguesa de 1990,
que entrou em vigor no Brasil em 2009.*

Título original
The Facts: A Novelist's Autobiography

Capa
João Baptista da Costa Aguiar

Preparação
Ciça Caropreso

Revisão
Huendel Viana
Carmen T. S. Costa

Dados Internacionais de Catalogação na Publicação (CIP)
(Câmara Brasileira do Livro, SP, Brasil)

Roth, Philip
 Os fatos : a autobiografia de um romancista / Philip Roth ; Tradução Jorio Dauster. — 1ª ed. — São Paulo : Companhia das Letras, 2016.

 Título original: The Facts : A Novelist's Autobiography
 ISBN 978-85-359-2786-3

 1. Romancistas norte-americanos – Século 20 – Biografia 2. Roth,
Philip I. Título.

16-05712   CDD-813.54

Índice para catálogo sistemático:
1. Philip Roth : Memórias autobiográficas 813.54

[2016]
Todos os direitos desta edição reservados à
EDITORA SCHWARCZ S.A.
Rua Bandeira Paulista, 702, cj. 32
04532-002 — São Paulo — SP
Telefone: (11) 3707-3500
Fax: (11) 3707-3501
www.companhiadasletras.com.br
www.blogdacompanhia.com.br
facebook.com/companhiadasletras
instagram.com/companhiadasletras
twitter.com/ciadasletras

A meu irmão, aos sessenta anos

Enquanto ele falava, eu ia pensando, *as histórias em que as pessoas transformam a vida, as vidas em que as pessoas transformam as histórias.*

Nathan Zuckerman, em *O avesso da vida*

Caro Zuckerman,

No passado, como você sabe, os fatos não foram mais que anotações num caderno, meu aprendizado em matéria de ficção. Para mim, como para a maioria dos romancistas, todos os eventos genuinamente imaginativos têm origem lá, nos fatos, em coisas concretas e não ideológicas ou abstratas. No entanto, para minha surpresa, parece que agora comecei a escrever um livro realmente de trás para a frente, pegando aquilo que já imaginei e, por assim dizer, desidratando-o a fim de restaurar minha experiência original, a realidade pré-ficcional. Por quê? Será para provar que há um abismo significativo entre o escritor autobiográfico que dizem que sou e o escritor autobiográfico que de fato sou? Para provar que a informação que colhi da minha vida era incompleta na ficção? Se isso fosse tudo, não creio que teria me dado ao trabalho, uma vez que leitores argutos, caso tivessem interesse suficiente, seriam capazes de compreendê-lo por conta própria. Nem ninguém encomendou este livro ou pediu uma autobiografia de Roth. A encomenda, se houve, foi feita trinta anos antes, quando certos líderes de minha comunidade judaica desejaram saber quem era o tal garoto que escrevia aquelas coisas.

Não, o impulso parece ter tido origem em outras necessidades e, ao lhe enviar este manuscrito — pedindo que me diga se acha que devo publicá-lo —, cumpre explicar o que me terá levado a apresentar-me assim sem disfarce. Até hoje sempre utilizei o passado como base para uma transfiguração, entre outras coisas como uma espécie de intrincada explicação de meu mundo para mim mesmo. Por que me expor sem transfigurações diante das pessoas, quando em geral, no mundo imaginário, me abstive de divulgar sem disfarces minha vida íntima perante uma audiência séria ou de me tornar uma personalidade midiática? No pêndulo da autoexibição, que oscila entre o agressivo exibicionismo de Mailer e o retraimento radical de Salinger, ocupo uma posição intermediária, tentando resistir, na arena pública, à curiosidade ou ao pavoneamento gratuitos sem fazer do sigilo e da reclusão algo sagrado demais. Sendo assim, por que decidir pela visibilidade biográfica agora, especialmente quando fui treinado para crer que a realidade independente da ficção é tudo que existe de importante e que os escritores deveriam se manter na sombra?

Bem, em primeiro lugar, a pessoa que pretendi tornar visível neste momento foi, sobretudo, eu mesmo. Depois dos cinquenta, precisamos encontrar meios de nos tornar visíveis a nós mesmos. Chega uma hora, como aconteceu comigo há alguns meses, em que me vi de repente num estado de absoluta confusão, sem entender o que antes era óbvio para mim: por que faço o que faço, por que moro onde moro, por que compartilho minha vida com a pessoa que vive comigo? Minha escrivaninha se tornou um lugar estranho, assustador, e, ao contrário de outros momentos similares em que velhas estratégias deixaram de funcionar — seja pelos problemas práticos do cotidiano que todos enfrentamos, seja pelas dificuldades inerentes ao ofício de escritor, e eu estava engajado ativamente num caminho de renovação —, fui levado a crer que não teria condições de me reconstruir mais uma vez. Não apenas me senti incapaz de me reconstruir, mas senti como se estivesse me desfazendo.

Estou falando de um colapso nervoso. Embora não seja necessário entrar em detalhes aqui, vou lhe dizer que na primavera de 1987, depois de dez anos de criatividade, o que devia ser uma cirurgia de pequeno porte virou um martírio que, desembocando numa depressão extrema, me levou às raias da dissolução emocional e mental. Foi no período de reflexão depois do colapso, com a clareza que acompanha a remissão de qualquer doença, que, de modo inteiramente involuntário, comecei a dedicar muito de minha atenção aos mundos de que me distanciara havia décadas — relembrando de onde eu saíra e como tudo tinha se iniciado. Quando a gente perde algum objeto, diz: "Está bem, vamos refazer todos os passos. Entrei em casa, tirei o paletó, fui para a cozinha" etc. etc. A fim de recuperar o que tinha perdido, eu precisava voltar ao momento original. Não encontrei um momento original, mas uma série de momentos, uma história de origens múltiplas, e foi isso que escrevi aqui, no esforço de me reapropriar da vida. Nunca tinha mapeado minha existência dessa forma porque, como eu disse, eu só buscava aquilo que podia ser transformado. Aqui, a fim de voltar à minha vida pregressa, a fim de recobrar a minha vitalidade e me transformar em mim mesmo, comecei a relatar as experiências sem transmudá-las.

Talvez nem fosse em mim mesmo que eu quis me transformar, mas no rapaz que fui quando entrei para a universidade, no menino cercado por seus vizinhos compatriotas no pátio da escola — de volta ao ponto de partida. Depois do colapso nervoso, vem a gratificante reentrada no dia a dia, e isso significou minha vida no sentido mais rotineiro. Suponho que eu quisesse voltar ao ponto de um Roth mais comum e, ao mesmo tempo, reencenar aqueles encontros de formação, recapitular as primeiras escaramuças, regressar àquele momento eufórico em que o lado hiperativo de minha imaginação alçou voo e me tornei um escritor; beber de novo do poço original, não em busca de substância, mas para rever o lançamento, o *relançamento*: esgotado o combustível, de volta ao reservatório do sangue mágico. Como você, Zuckerman, que renasce em *O avesso da vida* graças à sua esposa inglesa, como seu irmão, Henry, que busca renascer em Israel com seus fundamentalistas da Cisjordânia, como vocês dois no mesmo livro milagrosamente conseguiram ressuscitar depois de mortos, eu também estava pronto para outra chance. Se, enquanto escrevia, era incapaz de ver com precisão aonde queria chegar, agora sei: este manuscrito contém o avesso da *minha* vida, o antídoto e a resposta para todas aquelas ficções que culminaram em sua criação, Zuckerman. Se de certo modo *O avesso da vida* pode ser lido como uma ficção sobre a estrutura, então isto aqui são os ossos descarnados, a estrutura de uma vida sem a ficção.

Na verdade, as duas obras mais ou menos longas de ficção sobre você, escritas no decorrer de uma década, foram provavelmente o que me indispôs a continuar me retratando através da ficção, cansado de gerar um ser cuja experiência era comparável à minha e, não obstante, registrava uma valência mais potente, uma vida mais cheia de energia e vigor, mais divertida que a minha... a qual na realidade quase toda transcorreu sem maiores diversões, sozinho num quarto com uma máquina de escrever. Eu estava exaurido por causa das regras que eu mesmo estabelecera — por ter de imaginar coisas que não tinham acontecido exatamente daquele jeito comigo, ou coisas que nunca tinham acontecido comigo, ou coisas que possivelmente nunca teriam acontecido comigo acontecendo com um representante meu, com uma projeção de mim, com um outro eu. Se este manuscrito significa alguma coisa, essa coisa é meu cansaço com as máscaras, com os disfarces, com as distorções e as mentiras.

Obviamente, mesmo sem o colapso nervoso e a necessidade de autoinvestigação que ele gerou, eu talvez fosse incapaz, neste momento, de chicotear os fatos suficientemente para tornar a vida real mais instigante. Remoer a experiência, embelezar a experiência, rearrumar e expandir a experiência numa espécie de mitologia — depois de trinta anos fazendo isso, pareceria que, na melhor das circunstâncias, já era hora de parar. Desmistificar-me e dizer a verdade, descrever os fatos tal como vividos bem que poderia ser a próxima coisa a fazer — senão a única que eu *poderia* fazer — enquanto achavam-se à beira da ruína a capacidade de me autotransformar e, com ela, a imaginação. Nem havia outra escolha, na medida em que tudo mais em mim, que também entrara em colapso, intuiu que escrever sem retoques e somente sobre coisas específicas contribuiria para reaver o que eu tinha perdido, um meio de recuperação e o caminho para me fortalecer. Eu necessitava de clareza tanto quanto pudesse obter — a desmistificação como forma de cura.

Isso não quer dizer que eu não tenha tido de resistir ao impulso de dramatizar falsamente aquilo que não era dramático o bastante, de complicar o que em essência era simples, de sugerir implicações onde não havia outras conotações — a tentação de abandonar os fatos quando eles não eram tão convincentes quanto outros que eu seria capaz de imaginar se, de alguma forma, pudesse me obrigar a superar a fadiga de criar ficções. Mas em geral foi mais fácil do que eu pensava escapar daquilo que me sentia obrigado a fazer quase todos os dias de minha existência antes do colapso nervoso. Talvez porque, devido a seu caráter sereno e modesto, a abordagem não ficcional tenha me trazido para mais perto de como as experiências foram realmente *sentidas*, bem mais do que quando eu acendia uma chama embaixo de minha vida para fundir histórias a partir de tudo que conhecia. Não estou sugerindo que haja uma espécie de existência na ficção que não existe na vida real ou vice-versa, mas apenas que um livro que retrata fielmente os fatos, uma destilação dos fatos que dispensa a fúria da imaginação, pode revelar significados que a tarefa de transformá-los em ficção obscureceu, distorceu e até mesmo inverteu, gerando por vezes efeitos emocionais intensos.

Reconheço que uso a palavra "fatos" nesta carta em sua forma idealizada e de modo muito mais simplório do que desejo expressar com o título. Sem dúvida, os fatos nunca vêm simplesmente até as pessoas, mas são incorporados por uma imaginação formada por experiências anteriores. As lembranças do passado não são lembranças de fatos, mas lembranças de como os fatos foram imaginados. É algo ingênuo que um romancista como eu fale em se apresentar "sem disfarces" e em retratar "uma vida sem a ficção". Também corro o risco de cometer uma simplificação exagerada, e de um tipo que odeio, ao anunciar que a busca dos fatos pode ter sido uma espécie de terapia para mim. Pesquisamos nosso passado com certas perguntas em mente — na verdade, pesquisamos o passado para descobrir que fatos nos levaram a formular tais perguntas. Não é que numa autobiografia subordinemos nossas ideias à força dos fatos, mas que construímos uma sequência de histórias para amarrar os fatos com uma *hipótese* persuasiva que desvele o significado da nossa história. Suponho que chamar este livro de *Os fatos* suscite tantas perguntas, que eu teria conseguido ser ao mesmo tempo menos irônico e mais irônico se o tivesse intitulado de *Fugindo às perguntas*.

Uma observação final sobre as agruras que cercaram *Os fatos*, e depois você poderá lê-lo sem ser incomodado. Embora eu não tenha certeza absoluta, me pergunto se este livro foi escrito apenas devido à exaustão de criar lendas ficcionais sobre mim e como uma reação terapêutica espontânea ao meu colapso nervoso; talvez tenha servido também como um paliativo pela perda de uma mãe que ainda hoje, em minha mente, morreu de forma inexplicável — com setenta e sete anos, em 1981 —, assim como para criar ânimo enquanto me aproximo mais e mais de um pai com oitenta e seis anos que vê o fim da vida tão perto de seu rosto quanto o espelho diante do qual se barbeia (exceto que aquele outro espelho está lá dia e noite, bem na frente dele o tempo todo). Mesmo que isto possa não ser evidente para os outros, creio que, subliminarmente, a morte de minha mãe tem forte presença em tudo que escrevi aqui, assim como observar meu pai previdente se preparando para a ausência de um futuro, um homem saudável, porém muito idoso, lidando com sentimentos provocados por uma enfermidade incurável, porque, como todos que sofrem de doenças incuráveis, os idosos sabem tudo sobre a morte, a não ser o dia exato em que ela virá.

Pergunto-me se a erupção da saudade dos pais induzida pelo colapso nervoso num homem de cinquenta e cinco anos não é, de fato, a pedra de roseta deste manuscrito. Pergunto-me se não houve algum consolo, sobretudo enquanto recobrava meu equilíbrio, em relembrar que, quando os eventos aqui narrados aconteceram, todos nós estávamos lá, ninguém havia partido nem se encontrava prestes a partir para nunca mais ser visto nas próximas centenas de milhares de bilhões de anos. Pergunto-me se não extraí considerável consolo por reposicionar-me num ponto da vida em que não era necessário confrontar a tristeza que pode resultar da morte dos pais, quando esse sofrimento não era percebido nem suspeitado e a minha própria morte simplesmente inconcebível porque eles serviam de anteparo.

Acho que isso é tudo que pode estar por trás deste livro. A pergunta agora é: por que alguém, além de mim, deveria lê-lo, principalmente se admito que o leitor poderá conhecer vários acontecimentos sob outros auspícios? Principalmente porque me considero outra vez em sintonia com meus objetivos e de bem com a vida em parte por causa desse esforço. Principalmente porque este livro parece ser aquele que até hoje escrevi de forma *inconsciente* e que soa para mim mais como algo dito por um jovem de vinte e cinco anos do que pelo escritor de meus livros sobre você. Principalmente porque a publicação me deixaria exposto de um modo que eu na realidade não desejo ficar.

Há também o problema de expor outras pessoas. Ao escrever, quando comecei a me sentir cada vez mais desconfortável por estar confessando coisas íntimas diante de *todo mundo*, voltei atrás e mudei várias vezes o nome de algumas pessoas com quem estive envolvido, além de alterar alguns detalhes identificadores. Não por acreditar que as modificações garantiriam anonimato completo (elas jamais tornariam essas pessoas anônimas para os seus e para os meus amigos), mas porque dariam a elas um mínimo de proteção a fim de não serem acossadas por desconhecidos.

Além dessas considerações, que tornam a publicação problemática para mim, cabe a pergunta: será o livro suficientemente bom? Eu não saberia dizer, porque *Os fatos* significaram mais para mim do que pareceria óbvio e porque nunca trabalhei sem que minha imaginação fosse excitada por alguém como você, e também Portnoy, Tarnopol ou Kepesh.

Seja franco.

Sinceramente,
Roth

Prólogo

Certo dia, em fins de outubro de 1944, fiquei pasmo ao encontrar meu pai, que em geral começava a trabalhar às sete e em muitas noites só parava às dez, sentado à mesa da cozinha no meio da tarde. Ele estava indo para o hospital, numa emergência, a fim de remover o apêndice. Embora já tivesse feito a mala, tinha esperado que meu irmão, Sandy, e eu voltássemos da escola para nos dizer que não ficássemos alarmados. "Não é nada", assegurou, embora todos nós soubéssemos que dois irmãos dele haviam morrido na década de 1920 devido a complicações causadas por apendicectomias complicadas. Minha mãe, que naquele ano presidia a associação de pais e mestres de nossa escola, por um desses acasos do destino iria pernoitar em Atlantic City por causa de uma convenção estadual daquelas associações. Meu pai, no entanto, tinha telefonado para o hotel a fim de lhe dar a notícia, e ela imediatamente começara a preparar sua volta para casa. Isso resolveria tudo. Eu tinha certeza de que a engenhosidade doméstica de minha mãe era páreo para a de Robinson Crusoé, e nem Florence Nightingale poderia cuidar melhor de nós quando caíamos doentes. Como era comum em nossa casa, tudo agora estaria sob controle.

Quando o trem chegou a Newark naquela noite, o cirurgião tinha aberto a barriga de meu pai, visto o horror que havia lá dentro e perdido a esperança de salvá-lo. Com quarenta e três anos, ele foi posto na lista dos pacientes em estado crítico, com uma chance de sobrevivência de menos de cinquenta por cento.

Só os adultos sabiam como a coisa estava feia. A Sandy e a mim foi permitido continuar acreditando que um pai era indestrutível — e o nosso provou que era. Apesar de um temperamento muito emotivo que o torna presa de preocupações incontroláveis, a vida dele tem se caracterizado pela capacidade de renascer das cinzas. Não conheço intimamente nenhuma outra pessoa — além de mim e do meu irmão — capaz de exibir mudanças de humor tão rápidas e tão extremas, ninguém que viva algum infortúnio de forma tão intensa, que sofra de modo tão ostensivo algum contratempo, mas que, tendo o golpe reverberado até a medula dos ossos, reaja depois com tamanha agressividade, recupere o terreno perdido e siga em frente outra vez.

Ele foi salvo pelo novo pó de sulfa, desenvolvido nos primeiros anos da guerra para tratar ferimentos sofridos nos campos de batalha. Não obstante, sobreviver foi uma tremenda provação, a debilidade causada pela peritonite quase fatal acabou agravada por uma crise de soluços que durou dez dias, durante os quais ele não conseguiu dormir nem manter a comida no estômago. Depois de perder uns catorze quilos, seu rosto murcho revelou-se para nós uma réplica do de minha avó quando idosa, com as feições da mãe que ele e todos os seus irmãos adoravam (quanto ao pai — lacônico, autoritário, distante, um imigrante que estudara na Galícia para ser rabino, mas que trabalhava nos Estados Unidos numa fábrica de chapéus — os sentimentos dele eram mais confusos). Bertha Zahnstecker Roth era uma mulher simples e bondosa, com hábitos trazidos de sua terra natal; embora não fosse dada a melancolias ou reclamações, sua expressão facial deixava claro que ela não acalentava nenhuma ilusão sobre a facilidade da vida. A semelhança de meu pai com sua mãe só não pareceria tão impressionante quando ele chegou aos oitenta anos, e também depois, quando se envolveu numa luta que roubou de um velho fisicamente jovem sua aparente invulnerabilidade, deixando-o perplexo nem tanto pelos problemas de visão e pela dificuldade de caminhar que limitaram em muito sua autossuficiência, mas porque se sentiu de repente abandonado por aquela cúmplice magistral e suplantadora de obstáculos que era a sua determinação.

Quando o levaram para casa, de carro, vindo do Hospital Beth Israel, de Newark, depois de seis semanas de internação, ele mal teve forças, mesmo com nossa ajuda, para subir a pequena escada dos fundos que levava ao nosso apartamento no segundo andar. Era um dia frio de dezembro de 1944, mas a luz do sol, penetrando pelas janelas, iluminava o quarto de nossos pais. Sandy e eu entramos para falar com ele, os dois tímidos e agradecidos, além de, naturalmente, surpresos com sua aparência depauperada, sentado sem forças num canto e na única cadeira do aposento. Ao ver seus filhos ali, juntos, meu pai não conseguiu se controlar e começou a chorar. Ele estava vivo, o sol brilhava, sua mulher não tinha enviuvado nem seus meninos ficado órfãos — a vida familiar iria ser retomada. Não era de estranhar que um garoto de onze anos fosse incapaz de compreender as lágrimas de seu pai. Eu simplesmente não conseguia ver, como ele sem dúvida via, de que maneira e por que tudo poderia ter terminado de forma diferente.

Eu só conhecia dois meninos em nossa vizinhança cujos pais haviam morrido, e os considerava tão infelizes quanto a garota cega que frequentou nossa escola por algum tempo e tinha que ser guiada de um lugar para o outro e ter alguém lendo os livros para ela. Os meninos órfãos pareciam quase igualmente marcados e diferenciados; depois da morte de seus pais, eles me causavam medo e representavam uma espécie de tabu. Embora um fosse muito obediente e o outro um criador de casos, tudo que os dois faziam ou diziam parecia determinado pelo fato de eles não terem pai e, mesmo tendo chegado a essa conclusão de forma ingênua, eu provavelmente estava certo.

Eu não conhecia nenhuma criança cuja família tivesse sido dividida por um divórcio. Fora das revistas de cinema e das manchetes dos jornais sensacionalistas, isso não existia, e certamente não na nossa comunidade judaica. Judeus não se divorciavam — não porque o divórcio fosse proibido pela lei judaica, mas porque eles eram assim. Se os pais judeus não chegavam em casa bêbados e batiam em suas mulheres — e em nossa vizinhança, onde para mim só viviam judeus, eu nunca soube de nenhum que tivesse agido dessa maneira —, isso também se devia ao fato de eles serem assim. Na nossa tradição, a família judia era um abrigo inviolável contra qualquer tipo de ameaça, desde o isolamento pessoal até a hostilidade dos góis. Apesar de eventuais atritos e disputas internas, dava-se como certo seu laço indissolúvel. *Ouve, Israel, a família é Deus, a família é Uma.*

A indivisibilidade da família, o primeiro mandamento.

No final da década de 1940, quando o irmão mais novo de meu pai, Bernie, anunciou a intenção de se divorciar da mulher com quem tinha duas filhas e estava casado havia quase vinte anos, minha mãe e meu pai ficaram tão perplexos como se ele tivesse matado alguém. Se Bernie houvesse cometido um assassinato e fosse condenado à prisão perpétua, eles provavelmente o apoiariam, apesar do fato abominável e inexplicável. Mas quando ele decidiu não apenas se divorciar mas fazer isso para se casar com uma mulher mais jovem, o apoio deles foi dado imediatamente às "vítimas", à cunhada e às sobrinhas. Por sua transgressão, pela traição à mulher, às filhas e a todo o clã — descumprindo o dever dele como judeu e como um Roth —, Bernie foi objeto de uma condenação praticamente absoluta.

Essa ruptura familiar só começou a ser superada quando o tempo revelou que ninguém tinha sido destruído pelo divórcio. Na verdade, ainda que angustiadas pelo rompimento, a ex-mulher de Bernie e suas duas filhas nem de longe ficaram tão indignadas quanto os outros parentes. A superação se deveu em grande parte ao próprio Bernie, um homem mais diplomático que a maioria de seus juízes, mas também ao fato de que para meu pai as exigências da solidariedade familiar e os vínculos resultantes da história da família excediam até mesmo *seu* instinto repreensor. No entanto, passaram-se quarenta e tantos anos até os dois irmãos se abraçarem avidamente, num gesto indisfarçável de plena reconciliação. Isso ocorreu poucas semanas antes da morte de Bernie, com quase oitenta anos, quando seu coração se deteriorava rapidamente e ninguém, começando por ele mesmo, esperava que vivesse por muito mais tempo.

Eu tinha levado meu pai de carro para ver Bernie e sua mulher, Ruth, no condomínio em que viviam numa comunidade de aposentados no noroeste de Connecticut, a pouco mais de trinta quilômetros de minha casa. Agora era a vez de Bernie exibir o rosto de sua mãe estoica e sem ilusões. Quando nos recebeu à porta, lá estava aquela indefectível semelhança que parecia surgir em todos os irmãos Roth quando eles se encontravam em situação delicada.

Em condições normais, os dois teriam trocado um aperto de mãos, porém, quando meu pai pisou no hall, isso foi substituído por um abraço apertado que durou vários minutos e os deixou em prantos, tão claro era para os dois quanto tempo de vida restava a Bernie e por quantas décadas — aparentemente desde sempre

— eles tinham sido filhos de seus pais. Era como se estivessem dizendo adeus a todos que já haviam partido, assim como um ao outro, os dois filhos sobreviventes do austero chapeleiro Sender e da imperturbável *balabusta* Bertha. Seguro nos braços do irmão, Bernie parecia também dizer adeus a si próprio. Não havia mais nada de que se proteger, de que se defender, nenhum ressentimento, nem mesmo nada a relembrar. Apesar de suas dessemelhanças, naqueles irmãos, homens tão abalados por cargas idênticas de emoção familiar, todas as lembranças haviam sido destiladas sob a forma de um sentimento puro e quase intolerável.

Mais tarde, no carro, meu pai disse: "Não nos abraçávamos assim desde que éramos crianças. Meu irmão está morrendo, Philip. Eu costumava empurrá-lo no carrinho de bebê. Éramos nove, contando com meu pai e minha mãe. Vou ser o último a ir embora".

Enquanto seguíamos para minha casa (onde ele ocupava o quarto dos fundos no andar de cima, dizendo sempre que dormia como uma criança), ele narrou as lutas de cada um de seus cinco irmãos — com bancarrotas, doenças, parentes de cônjuges, brigas de casais, empréstimos não pagos, as filharadas com nomes como Goneril, Regan e Cordelia. Relembrou o martírio de sua única irmã, o que ela e toda a família tinham sofrido quando seu marido, o contador que gostava de corridas de cavalo, fora preso por causa de um desfalque.

Não era exatamente a primeira vez que eu ouvia aquelas histórias. Seu conhecimento se expressa através dessas narrativas e o repertório dele nunca foi muito grande: família, família, família, Newark, Newark, Newark, judeu, judeu, judeu. Um pouco parecido com o meu.

Quando criança, eu acreditava ingenuamente que sempre contaria com a presença de um pai, e a verdade é que parece que sempre contarei. Por mais incômodo que o convívio tenha sido vez ou outra, meu vínculo com ele vem sendo onipresente, apesar de vulnerável às diferenças de opinião, a expectativas falsas e experiências de vida radicalmente diversas no país, tensionadas pela colisão de dois temperamentos impacientes e igualmente teimosos, e dificultadas também pela nossa falta de jeito no contato masculino. O mais importante, agora que ele não comanda mais minha atenção com seus bíceps volumosos e críticas morais; agora que ele não é mais o maior homem com quem preciso me confrontar — e quando eu mesmo estou perto de me tornar um idoso —, sou capaz de rir das piadas dele e de segurar sua mão, preocupando-me com seu bem-estar; sou capaz de amá-lo como desejei quando eu tinha dezesseis, dezessete e dezoito anos, quando, porém, tendo precisado lidar diariamente com ele e me sentindo em conflito com suas ideias, isso foi simplesmente impossível. *De todo* impossível, por mais que eu sempre o tenha respeitado por seu senso de responsabilidade e pela luta que conduzia dentro de um sistema que não escolhera. A essa altura eu talvez tenha até desempenhado o papel mitológico do menino judeu criado numa família como a minha — se tornar o herói que seu pai não conseguiu ser —, mas jamais como havia sido predeterminado. Depois de viver quase quarenta anos longe de casa, estou pronto, por fim, a ser o mais amoroso dos filhos — no entanto, exatamente na hora em que ele tem outro compromisso. Meu pai está tentando morrer. Não diz isso e muito provavelmente nem pense nisso com essas palavras, entretanto essa é agora sua tarefa, e, por mais que lute para sobreviver, ele sabe muito bem, como sempre fez, que trabalho tem pela frente.

Tentar morrer não é o mesmo que tentar se suicidar — na verdade pode ser mais difícil, porque o que a pessoa está procurando fazer é o que menos deseja que aconteça: o temor está ali, mas a tarefa se impõe e só pode ser executada pela própria pessoa. Duas vezes nos últimos anos ele quase conseguiu, ficando de repente tão doente que eu, que vivia metade do ano no exterior, voei às pressas para os Estados Unidos, encontrando-o em tal estado de prostração que ele nem conseguia andar do sofá para perto da televisão sem se agarrar em todas as cadeiras do caminho. E, embora todas as vezes o médico não conseguisse encontrar nada de errado nele depois de exames cuidadosos, meu pai ia todas as noites para a cama esperando não despertar de manhã, e quando acordava no dia seguinte levava quinze minutos só para se sentar na beira da cama e mais uma hora para se barbear e se vestir. Depois, sabe Deus por quanto tempo, ficava curvado sem se mover sobre uma tigela de cereal que não lhe despertava nenhum apetite.

Eu tinha tanta certeza quanto ele que a hora chegara, mas em nenhuma das duas vezes meu pai tevė êxito e, passadas algumas semanas, recuperou as forças e voltou a ser o homem de sempre, odiando Reagan, defendendo Israel, telefonando para os parentes, comparecendo aos enterros, escrevendo para os jornais, esculhambando William Buckley, vendo MacNeil-Lehrer na televisão, aconselhando os netos já crescidos, recordando com detalhes nossos mortos e, incansável e meticulosamente — e sem que lhe fosse pedido —, monitorando a ingestão de calorias da boa mulher com quem então vivia. Tudo indicava que, para ganhar essa parada, para tentar morrer e *conseguir*, seria preciso que ele trabalhasse mais duro que no ramo de seguros, onde obteve notável sucesso para um homem com suas desvantagens sociais e educacionais. Naturalmente, também nisso ele haveria de ter êxito cedo ou tarde — embora sem dúvida não fosse ser fácil, a despeito de seu retrospecto de assídua aplicação em todas as tarefas que lhe foram confiadas. Mas, afinal, nenhuma delas tinha sido fácil.

Desnecessário dizer que o vínculo com meu pai jamais foi tão voluptuosamente tangível quanto o laço colossal com a carne de minha mãe, cuja corporificação metamorfoseada era um lustroso casaco preto de pele de foca ao qual eu, o mais jovem, o privilegiado e paparicado caçulinha, me agarrava em êxtase quando meu pai nos levava de carro de volta para nossa casa em Nova Jersey, num domingo de inverno, depois de nossa excursão semestral ao Radio City Music Hall e à Chinatown de Manhattan. Eu, o inominável animal que carregava o nome do falecido pai dela; eu, o protoplasma, o menino-criança, o escavador de corpos em treinamento, unido em cada extremidade nervosa ao sorriso dela e ao seu casaco de pele de foca, enquanto a resoluta devoção ao dever de meu pai, sua infatigável diligência, sua obstinação irracional e seus violentos ressentimentos, suas ilusões, sua inocência, suas lealdades e seus medos vieram a constituir o molde original para o americano, o judeu, o cidadão, o homem e até mesmo o escritor no qual eu me transformaria. Ser alguma coisa para mim é ser o Philip de minha mãe, mas, no embate com o mundo que nos atira de lá para cá, minha história ainda se deve ao impulso de ser o Roth de meu pai.

Seguro em casa

Quando eu era criança, a maior ameaça externa vinha dos alemães e dos japoneses, nossos inimigos por sermos norte-americanos. Lembro-me ainda de meu terror aos nove anos, quando, correndo para casa depois de brincar na rua depois da escola, vi a manchete CAI CORREGIDOR no vespertino deixado na porta de nosso apartamento e entendi que os Estados Unidos realmente poderiam perder a guerra em que haviam entrado meses antes. Em casa, a maior ameaça vinha dos norte-americanos que se opunham ou que resistiam a nós — mostrando alguma condescendência ou nos excluindo de todo — por sermos judeus. Embora eu soubesse que também éramos tolerados e aceitos — em alguns notórios casos individuais até estimados — e nunca tivesse duvidado de que aquele era o meu país (incluindo Nova Jersey e Newark), não desconhecia o poder de intimidação que emanava dos mais altos aos mais baixos escalões dos góis.

No topo se encontravam os executivos que dirigiam a companhia de meu pai, a Metropolitan Life, com sede no número 1 da Madison Avenue (o primeiro endereço que conheci em Manhattan). Quando eu era pequeno, meu pai, então com trinta e poucos anos, iniciava sua carreira como corretor da Metropolitan, trabalhando seis dias por semana e quase todas as noites, e se sentia grato pela remuneração regular, apesar de modesta, que seu emprego lhe garantiu até mesmo na Depressão. Uma loja de calçados que ele tinha aberto depois de se casar com minha mãe fracassara alguns anos antes e, naquele meio-tempo, ele tivera uma série de ocupações mal pagas e pouco promissoras. Com orgulho, explicava aos filhos que a Metropolitan era "a maior instituição financeira do mundo" e que, como corretor, ele garantia aos titulares de apólices da companhia "um guarda-chuva para os dias chuvosos". A empresa publicava dezenas de panfletos para instruir seus assegurados sobre saúde e enfermidades; eu pegava um punhado deles na sala de espera nas manhãs de sábado, quando meu pai me levava com ele pela rua estreita do centro, onde o escritório regional da área de Essex em Newark ocupava quase um andar do edifício. Li sobre "Tuberculose", "Gravidez" e "Diabetes" enquanto ele trabalhava em sua papelada. Orgulhoso por me sentar em sua cadeira giratória, eu às vezes usava o papel de carta da Metropolitan para treinar minha caligrafia; num canto da folha havia o nome de meu pai e, no outro, uma fotografia do arranha-céu onde ficava a sede da companhia, encimado por um farol que ele descreveu para mim, de acordo com as palavras da própria Metropolitan, como a luz que nunca se apagava.

Em nosso apartamento, uma réplica emoldurada da Declaração de Independência achava-se pendurada na parede do hall, acima da mesinha do telefone. Tinha sido oferecida pela Metropolitan aos funcionários do distrito de meu pai por um ano de sucesso na captação de clientes e, vendo-a ali todos os dias durante meus primeiros anos de escola, forjei uma ligação entre os venerados defensores da igualdade, que haviam assinado aquele célebre documento, e nossos benfeitores encastelados no número 1 da Madison Avenue, onde o presidente, na época, por acaso era um sr. Lincoln. Como se isso não bastasse, quando a estrela de meu pai começou a subir um pouco na companhia, ele saía de Nova Jersey para se encontrar na sede com o superintendente das agências, um tal sr. Wright, cujas opiniões meu pai superestimou a vida toda e cuja altura e feições imponentes ele admirava quase tanto quanto sua habilidade diplomática. Como filho de meu pai, eu tinha igual respeito por aqueles góis de nomes imponentes, mas, assim como ele, sabia que tais executivos conspiravam abertamente e sem nenhum sentimento de culpa para garantir que apenas alguns poucos judeus galgassem posições de certo relevo na maior instituição financeira do mundo.

Uma das razões de meu pai admirar o gerente judeu de seu distrito, Sam Peterfreund — além, é óbvio, da devoção que inspirava por ter bem cedo reconhecido o entusiasmo de meu pai e o designado como seu assistente —, era ele ter sido capaz de assumir a chefia de um escritório tão grande e produtivo apesar da enraizada relutância da companhia em permitir que judeus ocupassem cargos mais elevados. Quando o sr. Peterfreund nos fazia uma de suas raras visitas para jantar, os porta-copos de feltro verde eram tirados do armário do hall e postos sobre a mesa da sala de jantar ao lado de onde meu irmão e eu nos sentávamos; entravam também em cena toalha e guardanapos de linho, taças para água e jantávamos com essa "louça especial" na sala onde estava pendurado um grande quadro a óleo de um arranjo de flores que o irmão de minha mãe, Mickey, copiara habilmente de uma pintura do Louvre. Sobre o aparador havia retratos fotográficos emoldurados dos dois homens já mortos cujos nomes eu herdara: meu avô materno, Philip, e o irmão mais novo de meu pai, Milton. Fazíamos as refeições na sala de jantar apenas nos feriados religiosos, em ocasiões especiais de família ou quando o sr. Peterfreund nos visitava — e todos nós o chamávamos de sr. Peterfreund mesmo que ele não estivesse presente; meu pai o chamava de "Chefe". "Quer tomar alguma coisa, Chefe?" Antes do jantar ficávamos sentados na sala de visitas em posturas forçadas, como se nós é que fôssemos os convidados em nossa casa, enquanto o sr. Peterfreund bebericava o gim holandês e eu era encorajado a prestar atenção em suas sábias palavras. A estima que ele inspirava era o tributo a um judeu que, com o consentimento de executivos góis, dirigia um grande escritório e também pelo fato de que, como supervisor imediato, sua boa vontade é que determinava o bem-estar profissional de meu pai e o destino de nossa família. Homem grandalhão e careca, com uma corrente de ouro atravessada por cima do colete e um sotaque alemão ligeiramente misterioso, sua família vivia (em grande estilo, eu imaginava) em Nova York (*e* em Long Island), enquanto ele (não menos glamourosamente para mim) dormia durante a semana num hotel de Newark. O "Chefe" era o Bernard Baruch de nossa família.

Uma hostilidade mais assustadora do que a discriminação corporativa era a que vinha dos escalões mais baixos do mundo gói, das gangues de meninos marginais que, certo verão, surgiram como um enxame em Neptune, uma cidadezinha decrépita na costa de Jersey. Como num estouro de boiada, correram pelo passeio de tábuas da praia de Bradley urrando "Gringos! Judeus nojentos!" e batendo em quem não tivesse escapado a tempo. A praia de Bradley, alguns quilômetros ao sul de Asbury Park e no centro da costa de Jersey, era o local de veraneio bem modesto onde nós e centenas de outros judeus de classe média, residentes nas cidades úmidas e infestadas de mosquitos do norte do estado, alugávamos quartos ou dividíamos pequenos bangalôs durante várias semanas no verão. Para mim era um paraíso, embora fôssemos três ocupando um quarto e quatro quando meu pai descia de carro a velha estrada do Cheesequake para nos ver nos fins de semana ou passar lá suas duas semanas de férias. Em minha infância de todo segura e protegida, não creio que tenha me sentido mais aconchegado do que naquelas casas de cômodos algo anárquicas, onde — com mais esforço que bravura — dez ou doze mulheres tentavam dividir as prateleiras de uma única geladeira e, numa apinhada cozinha comunal, preparavam lado a lado comida para crianças, maridos em visita e pais idosos. As refeições eram feitas numa sala de jantar mal ventilada e em meio a grande balbúrdia, numa atmosfera digna de um kibutz e bem diferente do lar ordeiro em que eu vivia.

O pandemônio quente e aconchegante da casa de cômodos da praia Bradley, tão distante de nossa vida normal, contrastava, no começo da década de 1940, com as lembranças de que o país se encontrava às voltas com uma enorme guerra: as praias estavam coalhadas de lúgubres casamatas da Guarda Costeira, cercadas de arame farpado, enquanto dezenas de marinheiros jovens e solitários jogavam nos caça-níqueis de Asbury Park; à noite as luzes se apagavam no passeio de tábuas e as pesadas cortinas que cobriam as janelas da casa de cômodos a tornavam ainda mais quente depois do jantar; resíduos de piche, que se dizia ser provenientes de navios torpedeados, eram trazidos pelas ondas e sujavam a praia — às vezes eu tinha medo de entrar alegremente na água com meus amigos e esbarrar no corpo de alguém morto no mar. Além disso — o que não deixava de ser curioso, pois supostamente estávamos todos unidos para derrotar as Potências do Eixo —, ocorriam aqueles "ataques racistas", que era como nós, as crianças, chamávamos as incursões noturnas hostis da garotada de Neptune. Uma violência dirigida contra os judeus por jovens que, todos diziam, só podiam ter aprendido a nos odiar pelo que ouviam em casa.

Apesar de esses ataques só terem ocorrido duas vezes, durante boa parte dos meses de julho e agosto de certo ano foi considerado perigoso para qualquer criança judia ir para a rua sozinha ou mesmo com amigos depois do jantar, muito embora a liberdade à noite, usando shorts e sandália, fosse um dos grandes prazeres de Bradley para um menino de dez anos em férias, sem as exigências impostas pelas lições de casa e pela hora de dormir durante o período escolar. Na manhã seguinte ao primeiro ataque, circulou uma história entre os garotos que colecionavam pauzinhos de picolé e brincavam de esconde-esconde na praia da Lorraine Avenue: alguém (que ninguém conhecia) tinha sido apanhado antes de conseguir fugir e os antissemitas o tinham jogado no chão e esfregado seu rosto nas tábuas velhas do passeio, cheias de farpas. Esse detalhe horrível, fosse ele apócrifo ou não — e bem poderia ser verdadeiro —, deixou claro para mim como era bárbaro aquele ódio irracional a famílias que, como qualquer um podia ver, estavam simplesmente na praia Bradley para obter um pequeno e módico alívio do calor da cidade, gente que só pensava em desfrutar de um momento de sossego, sem importunar ninguém a não ser às vezes a eles mesmos, como quando se desconfiava que uma das mulheres tivesse se apropriado, na geladeira, de cem gramas da manteiga salgada de alguém para usar no milho cozido de sua família. Se esse era o maior mal que um de nós podia causar, por que fazer em carne viva o rosto de uma criança judia?

Os góis em posições executivas no número 1 da Madison Avenue não podiam ser comparados aos garotos que invadiam Bradley gritando "Gringo!"; entretanto, quando eu pensava no assunto, via que eles não eram nem mais sensatos ou justos: também se posicionavam contra os judeus sem nenhum bom motivo. Não surpreende que, com doze anos, quando me aconselhavam a começar a refletir seriamente sobre o que eu iria fazer quando crescesse, decidi lutar contra as injustiças causadas por pessoas violentas e privilegiadas, tornando-me um advogado capaz de defender os oprimidos.

Quando fui para o ginásio, a ameaça se deslocou para o Estádio Escolar, na época o único campo grande de futebol americano em Newark, situado no território "estrangeiro" da Bloomfield Avenue, a quarenta minutos de ônibus de nossa Weequahic High. Nos sábados do outono, quatro dos sete ginásios da cidade se encontravam lá para disputar duas partidas. Dois mil rapazes chegavam para o primeiro jogo, por volta do meio-dia, e saíam em massa para as ruas próximas no final do segundo jogo, quando já escurecia. Depois de uma partida duramente disputada, era inevitável que a intensa rivalidade entre as escolas culminasse em alguma altercação nas arquibancadas e que, numa cidade industrial habitada por gente de origens étnicas fortemente divergentes e com gradações de classe sutis, porém pronunciadas, estourassem brigas entre jovens explosivos de quatro bairros diferentes. No entanto, a violência provocada pela presença dos torcedores da Weequahic — sobretudo depois de uma de nossas raras vitórias — não tinha igual.

Lembro que eu estava na arquibancada com meus colegas do segundo ano, torcendo ruidosamente pelos "Indians", como eram conhecidos os times da Weequahic nas páginas esportivas de Newark. Nunca tendo derrotado a Barringer High nos catorze anos de existência da escola, nosso time estava ganhando por seis a zero nos minutos finais do jogo realizado no Dia de Colombo. A defesa da Barringer era formada por Berry, Peloso, Short e Thompson; na defesa da Weequahic estavam Weissman, Weiss, Gold e o *fullback* Fred Rosenberg, que liderara um sólido avanço no final do primeiro tempo e, com um mergulho de dois metros, marcara o que Fred, hoje um consultor de relações públicas em Nova Jersey, recentemente me descreveu como "um dos pouquíssimos *touchdowns* feitos pelos Indians em toda a temporada, ao final de uma das carreiras provavelmente mais longas de 1947".

Quando se aproximava o fim daquele jogo milagroso — em que a Barringer, empatada com a Central em primeiro lugar no campeonato da cidade, estava prestes a ser surpreendida pelo pior time ginasial de Newark —, de repente notei que do outro lado do estádio os torcedores rivais desciam pelos corredores e davam a volta nas extremidades do campo, vindo em nossa direção. Em vez de esperar pelo apito final, corri para uma saída e, junto com quase todos que tinham percebido o que estava acontecendo, desci depressa a rampa, dirigindo-me aos ônibus que esperavam para nos levar de volta a nosso bairro. Embora houvesse alguns policiais por perto, era fácil ver que, iniciado o tumulto, a proteção deles não seria de grande ajuda, a menos que nos agarrássemos com braços e pernas a cada policial. Se um de nós fosse apanhado sozinho por uma gangue das outras três escolas, ansiosas para pôr as mãos em um judeu da Weequahic (nossa escola praticamente só tinha alunos judeus), era improvável que escapasse sem graves ferimentos.

O ônibus mais próximo já estava quase cheio quando entrei e, tão logo os últimos garotos se espremeram para dentro, o motorista uniformizado do serviço público, temendo por sua própria segurança ao transportar os garotos da Weequahic, fechou a porta da frente. A essa altura, de dez a quinze inimigos, com idade que variava entre doze e vinte anos, já tinham cercado o ônibus e esmurravam a lataria. Fred Rosenberg afirma que "todos os homens do norte de Newark que não estavam de cama entraram na confusão". Quando um deles enfiou as mãos por uma fresta embaixo da janela junto ao meu assento e começou a empurrá-la para cima com os dedos, peguei o vidro e o baixei com toda a força. Ele soltou um berro e alguém golpeou a janela com um bastão de beisebol, quebrando a moldura, mas, milagrosamente, não o vidro. Antes que os outros se juntassem para arrancar a porta, entrassem no ônibus e viessem direto para cima de mim — que teria dificuldade em explicar que a represália fora atípica e um gesto tão somente de legítima defesa —, o motorista deu a partida e escapamos do pogrom pós-jogo, que, para nossos adversários, talvez tenha sido a melhor parte das diversões daquele dia.

À noite escapei de novo não só porque eu era um garoto de catorze anos que pesava uns quarenta e cinco quilos, mas porque nunca fui dos poucos que ficavam para encarar uma briga, e sim um dos muitos cujo impulso era correr para evitá-la. Em nosso bairro, era de esperar que um garoto se defendesse de outro da sua idade e do seu tamanho numa confrontação no pátio da escola, porém ele não ficava estigmatizado se fugisse de um tumulto violento — de modo geral, era considerado tão vergonhoso quanto estúpido uma brilhante criança judia se deixar envolver em algo perigoso para sua saúde física e repugnante para os instintos judaicos. A memória coletiva dos pogroms russos e poloneses havia implantado na maioria das nossas famílias a ideia de que nosso valor como ser humano, e até mesmo nossa distinção como povo, estavam personificados na *incapacidade* de perpetrar os atos sanguinários de que nossos ancestrais foram vítimas.

Na adolescência, durante certo tempo acompanhei com atenção as grandes lutas de boxe, sendo capaz de recitar os nomes e os pesos de todos os campeões e seus competidores diretos, além de ter assinado, por um breve período, a *Ring*, a interessante revista de boxe de Nat Fleischer. Quando garotos, meu irmão e eu éramos levados por nosso pai à arena de boxe local, onde sempre nos divertíamos muito. Através de meu pai e dos amigos dele, conheci as façanhas de Benny Leonard, Barney Ross e Max Baer, além de Slapsie Maxie Rosenbloom, com seu apelido cômico. No entanto, os boxeadores e os aficionados de boxe judeus demonstravam, como o próprio boxe — "um esporte" num sentido grotesco —, um desvio estranho da norma, e extremamente atraente por esta razão: no mundo em cujos valores me formei, a agressão física descontrolada era considerada repugnante onde quer que fosse. Eu era tão incapaz de quebrar o nariz de uma pessoa com um soco quanto dar um tiro de pistola no coração dela. E o que impunha essa restrição, se não para Slapsie Maxie Rosenbloom certamente para mim, era o fato de eu ser judeu. Na minha forma de ver as coisas, Slapsie Maxie era um fenômeno judaico milagroso bem mais importante que o dr. Albert Einstein.

Na noite que se seguiu à nossa fuga do Estádio Escolar, a fogueira ritual da vitória foi acesa no campo de terra da Chancellor Avenue, em frente ao Syd's, um local popular em Weequahic, onde meu irmão e eu trabalhamos em regime parcial vendendo cachorros-quentes e batatas fritas. Praticamente cresci nesse campo, que ficava a dois quarteirões de casa e era contíguo à escola primária que eu frequentara por oito anos, ela própria adjacente à Weequahic High. Foi onde joguei futebol americano e beisebol, onde meu irmão participou de competições intercolegiais de atletismo, onde eu pegava as bolas altas que alguém se dispusesse a lançar na minha direção, onde meus amigos e eu ficávamos zanzando nas manhãs de domingo, nos divertindo ao ver os pais da vizinhança — encanadores, eletricistas, vendedores de legumes e frutas — disputando suas partidas semanais de beisebol. Se alguma vez eu fosse convidado a expressar meu amor pelo bairro num único gesto de reverência, eu não faria coisa melhor do que me pôr de quatro e beijar o chão atrás da base principal do campo de beisebol.

Entretanto, foi nesse sagrado coração da minha terra inviolada que os agressores do estádio lançaram seu ataque noturno, concluindo a violência iniciada à tarde, para eles uma simples operação limpeza do campo de batalha. Poucas horas depois de a fogueira ter sido acesa, enquanto pulávamos alegremente no campo às escuras, gracejando entre nós e procurando impressionar as garotas, enquanto à distância as animadoras de torcida faziam piruetas e o pessoal em volta da fogueira entoava os cantos de incentivo ao time — "Quando você enfrenta a Weequahic/ acaba de pernas pro ar" —, vários carros pararam na Chancellor Avenue e os mesmos sujeitos que tinham esmurrado a lataria do ônibus (ou eu deduzi isso imediatamente) entraram correndo no campo, alguns brandindo bastões de beisebol. O campo ficava numa ladeira, eu corri no escuro até o muro mais próximo, pulei de uma altura de quase dois metros para a Hobson Street e continuei em disparada por travessas, entre garagens, por cima de cercas de quintal, até me encontrar seguro em casa menos de cinco minutos depois. Um dos meus amigos da Leslie Street, encarregado de distribuir água aos jogadores do time de futebol americano, estava bem iluminado pela fogueira e vestia a camisa da Weequahic. Infelizmente, não tendo tempo para fugir, foi jogado nas chamas pelos agressores, identificados no bairro, no dia seguinte, como os "italianos". Ele caiu bem na margem da fogueira e, embora não tenha se queimado, passou alguns dias no hospital se recuperando de lesões internas.

Esta, porém, foi uma calamidade isolada. Nossa vizinhança de casas e lojas de classe média baixa consistia de alguns quilômetros quadrados de ruas arborizadas no canto da cidade que fazia fronteira com o bairro residencial de Hillside e a área semi-industrial de Irvington. Tratava-se para mim de um refúgio tão seguro e pacífico quanto uma comunidade rural seria para um menino criado numa fazenda de Indiana. Em geral, a pessoa mais assustadora que aparecia por lá era o judeu velho e barbudo que às vezes batia à nossa porta próximo à hora do jantar. Para mim um fantasma perturbador do duro e longínquo passado europeu, ele se mantinha silencioso no hall escuro enquanto eu ia buscar uma moeda de vinte e cinco centavos para depositar na sua latinha de coleta do Fundo Nacional Judeu (um nome que nunca entendi bem: a única nação para os judeus, no meu modo de ver, era a democracia à qual eu estava tão lealmente — e liricamente

— unido, apesar do preconceito injusto dos que se consideravam melhores e do ódio violento de alguns dos piores). Shapiro, o alfaiate imigrante que também lavava a seco, tinha dois polegares numa das mãos, razão pela qual levar as roupas para ele me causava certo medo quando eu era pequeno. E havia LeRoy, "o bobo", um débil mental da vizinhança, um pouco assustador mas inofensivo, que me fazia sentir arrepios quando sentava na varanda da frente de alguma casa para ouvir o nosso grupinho de colegas conversar depois da escola. Em nossa rua raramente se zombava dele, que ficava nos olhando com seu ar apatetado e batendo ritmicamente com um pé no chão. Isso era tudo que existia de assustador por ali.

Uma lembrança típica era cinco ou seis de nós atravessando com passos rápidos todo o bairro nas noites de sexta-feira, depois de termos assistido a uma sessão dupla no Cinema Roosevelt. Parávamos na Watson Bagel Company, situada na Clinton Place, a fim de comprar, por uns poucos centavos, uma porção daqueles pãezinhos em forma de rosca recém-saídos do forno — isso quatro décadas antes de o *bagel* se tornar o item principal do café da manhã do Burger King. Devorando três ou quatro de uma vez, cumpríamos um grande circuito para ir deixando um ou outro em casa, rindo como hienas de nossas piadas e imitando nossos barítonos preferidos. Quando o tempo estava bom, às vezes acabávamos nos fundos da escola da Chancellor Avenue, nas arquibancadas de madeira que ladeavam o pátio asfaltado adjacente ao grande campo esportivo de terra batida. Deitados de costas ao ar livre, vivíamos tão despreocupados quanto quaisquer outros garotos dos Estados Unidos do pós-guerra, e sem dúvida nos sentíamos cem por cento norte-americanos. Discussões sobre a cultura judaica e o que era ser judeu, as quais eu ouviria com tanta frequência entre judeus intelectuais depois de adulto em Chicago e Nova York, jamais ocorreram ali. Conversávamos sobre não sermos compreendidos por nossas famílias, sobre filmes, programas de rádio, sexo e esportes, até mesmo sobre política, embora isso fosse raro, porque todos os nossos pais eram defensores ardentes do New Deal, não havendo entre nós nenhuma divergência sobre a santidade de Franklin Delano Roosevelt e do Partido Democrata. Sobre ser judeu não havia mais nada a dizer do que havia a dizer sobre possuir dois braços e duas pernas. Teria nos parecido estranho *não* ser judeus — e mais estranho ainda ouvir alguém anunciar que não queria ser judeu ou que pretendia deixar de sê-lo no futuro.

Ao mesmo tempo, no entanto, essa intensa camaradagem entre adolescentes era o principal meio pelo qual aprofundávamos o nosso *americanismo*. Com poucas exceções, nossos pais constituíam a primeira geração de filhos dos imigrantes pobres que vieram da Galícia e da Rússia polonesa na virada do século, criados predominantemente em casas de Newark onde se falava iídiche e onde a ortodoxia apenas começava a ser seriamente erodida pelo estilo de vida norte-americano. Por mais que falassem inglês sem sotaque e com pronúncia de norte-americanos, por mais laicas que fossem suas crenças, por mais que seus estilos de vida como cidadãos norte-americanos da classe média fossem adequados e convincentes, devido à educação recebida na infância e aos fortes laços paternos, eles ainda eram influenciados por aquilo que, para nós, parecia com frequência ser costumes e percepções antiquadas e socialmente inúteis, herdados dos países de origem de seus antepassados.

Meu grupo de amigos na juventude cristalizou-se em torno do fenômeno mais inerentemente norte-americano a que tínhamos pleno acesso — o jogo de beisebol, cuja mística era representada por três talismãs baratos que podíamos ter sempre ao nosso lado no quarto, não apenas enquanto fazíamos a lição de casa, mas na cama, enquanto dormíamos, caso o sujeito fosse tão fanático como eu aos dez e onze anos: uma bola, um bastão e uma luva. O conforto que meu avô ortodoxo extraía do cheiro familiar das tiras do filactério muito usado no qual se envolvia todas as manhãs eu extraía do cheiro de minha luva, que eu vestia ritualisticamente todos os dias para treinar um pouco o movimento dos dedos. Como um jogador mediano de pátio de escola, o encantamento da luva tinha menos a ver com o sonho de me tornar jogador profissional, ou mesmo um craque do time do ginásio, do que com a participação numa imensa igreja laica e nacionalista da qual ninguém jamais sugerira que os judeus deviam ser excluídos. (Com os negros, a história foi outra até 1947.) Os times de beisebol, sejam os que jogavam com a bola dura, seja os que jogavam com a bola maior e mais macia, eram obsessivamente organizados e reorganizados por nós durante os anos do ginasial, e a eles dávamos nomes indiscutivelmente nativos como Seabees e Mohawks, descrevendo-os como "clubes sociais e atléticos". Além da oportunidade que propiciavam de competirmos uns com os outros num jogo que amávamos, eles também funcionavam como sociedades secretas que nos separavam dos tênues e residuais traços estrangeiros que ainda marcavam algumas atitudes de nossos pais, e que validavam nossas credenciais imaculadas como garotos norte-americanos. Paradoxalmente, nossas origens não tão remotas nos velhos países europeus talvez tenham causado aquela nossa devoção especialmente intensa a um esporte que, ao contrário do boxe e até mesmo do futebol americano, nada tinha a ver com a ameaça de força bruta aplicada à carne e aos ossos.

Nas duas últimas décadas, o bairro de Weequahic passou a integrar as vastas áreas degradantes ocupadas pela população negra de Newark. Quando visito meu pai em Elizabeth, de vez em quando saio da estrada e pego um caminho mais longo que me faz passar pela minha velha Newark. Para aumentar o impacto emocional, cruzo as ruas que ainda me são inteiramente familiares, apesar das lojas com a fachada coberta por tábuas e das casas caindo aos pedaços, além da consciência de que meu rosto branco não é nada bem-vindo. Há pouco tempo, circulando de carro pelas ruas de mão única do bairro, comecei a imaginar placas nas casas comemorando as conquistas dos garotos que ali viveram, placas do tipo que se vê em Londres e Paris nas residências de figuras de renome histórico. O que inscrevi naquelas placas, junto com o nome de meus amigos, o ano de nascimento deles e o lugar onde moravam, não foi o status profissional que adquiriram mais tarde, e sim a posição em que cada um jogara naqueles nossos times da vizinhança nos anos 1940. Pensei que se você soubesse que naquela casa da Hobson Street onde moravam quatro famílias viveu o defensor da terceira base Seymour Feldman, e que a algumas portas dali morou Ronnie Rubin, nosso apanhador, você entenderia como e onde as famílias Feldman e Rubin tinham sido irrevogavelmente naturalizadas por seus jovens filhos.

Em 1982, quando visitei meu pai viúvo em Miami Beach durante a primeira temporada que ele lá passou sozinho, uma noite fiz com que ele caminhasse comigo até a velha base de operações de Meyer Lansky, o Hotel Singapore na Collins Avenue. Mais cedo naquele dia ele havia me dito que alguns dos últimos remanescentes de sua geração do nosso bairro estavam passando o inverno no hotel — aqueles, ele observou com ironia, "que ainda andam sobre a Terra". Entre os rostos que reconheci no saguão, onde os hóspedes idosos se reuniam todas as noites, estava a mãe de um dos garotos que também jogavam beisebol sem parar "lá no campo" e que ficavam nas arquibancadas depois de escurecer, quando jogávamos pelo Seabees. Enquanto conversávamos perto de uma mesa de cartas, ela de repente segurou minha mão — com aquele olhar bondoso que todas as nossas mães tinham — e disse: "Phil, a camaradagem que havia entre vocês quando garotos, eu nunca mais vi nada igual". Eu disse a ela, com toda a sinceridade, que eu também nunca mais tinha visto.

O queridinho da universidade

Trabalhando como assistente da gerência no escritório da Metropolitan Life no distrito de Essex, meu pai ganhava, nos seus melhores anos, cento e vinte e cinco dólares por semana, incluindo salário e comissões. Na metade da década de 1940, quando entrei no ginásio, ele assumiu um risco comercial que arruinou as poupanças da família. Depois de longas consultas com minha mãe, ele investiu com alguns amigos numa companhia de distribuição de alimentos congelados e por vários anos trabalhou como corretor da Metropolitan durante o dia, enquanto à noite e nos fins de semana, sem receber salário, dirigia um caminhão refrigerado tentando fazer negócio com comida congelada em Jersey e no leste da Pensilvânia. Além de recorrer à poupança da família, precisou tomar emprestados oito mil dólares de parentes a fim de pagar sua parte no capital da companhia. Ele tinha quarenta e cinco anos e assumiu esse risco por lhe parecer improvável que, como judeu, tivesse chance de ir mais longe na Metropolitan. Sua formação, que não passara da oitava série, também lhe parecia um obstáculo à promoção.

Ele tinha a esperança de que, quando os filhos terminassem o ginásio, a nova empresa estaria consolidada e ele poderia mandar nós dois para a universidade. Mas o negócio fracassou rapidamente e, chegada a hora de eu ir para a universidade, ele ainda estava pagando sua dívida. Por sorte, em 1949 ele foi inesperadamente promovido na Metropolitan para dirigir um escritório perto de Newark, na Union City. O distrito praticamente não gerava negócios quando ele chegou, porém oferecia uma oportunidade financeira substancial caso ele conseguisse inspirar os funcionários da agência com seu know-how e energia. Também aconteceu de ele ser poupado de pagar pela educação universitária de meu irmão, beneficiado pela lei que garantia aos soldados acesso às instituições de ensino superior. Em 1946, o recrutamento continuava, Sandy entrou para a Marinha e, ao sair, em 1948, pôde frequentar uma escola de arte no Brooklyn sem a ajuda da família. Eu me formei no ginásio em janeiro de 1950 e trabalhei na seção de estoque de uma loja de departamentos de Newark até entrar, em setembro, como estudante de direito, no Newark Colleges da Rutgers, a pequena e pouco prestigiosa extensão da universidade do estado situada no centro da cidade. Eu queria desesperadamente ir para uma universidade, até mesmo para o campus principal da Rutgers em New Brunswick, mas, embora tivesse me formado com dezesseis anos e com uma boa colocação em minha turma, não consegui uma bolsa na Rutgers. Acabei cursando o primeiro ano em Newark, ainda morando com meus pais.

Meu sonho de sair de casa permaneceu bem vivo, embora eu estivesse satisfeito na Newark Rutgers, que ficava um pouco além da área comercial da cidade, na extremidade "histórica" das ruas do centro, a cerca de vinte minutos de ônibus de onde eu morava. Era uma sensação estimulante estar no centro não como o menino que ia ao cinema com os amigos, ou como o garoto que ia jantar com a família em algum restaurante no domingo, ou como o humilde funcionário que empurrava idiota e mecanicamente um cabideiro na loja de departamentos S. Klein, mas como o proprietário de manuais novos em folha, com uma pasta de executivo (para guardar o almoço) e um cachimbo no bolso que estava aprendendo a fumar. Combinava bem com meu espírito liberal cursar uma universidade num prédio que fora uma cervejaria, assim como sentar-me com rapazes italianos e irlandeses vindos de ginásios que tinham sido estranhos, distantes e até mesmo hostis para mim na época em que eu frequentava uma escola onde mais de noventa por cento dos alunos eram judeus. Eu considerava uma espécie de libertação triunfante integrar-me à conflituosa sociedade étnica da cidade, sobretudo porque nossos estudos de ciências humanas contribuíam — em minha visão idealista — para nos elevar acima das sérias diferenças sociais, para libertar da estreiteza cultural e da pobreza intelectual tanto os filhos dos comerciantes judeus de Weequahic quanto os dos operários do bairro de Ironbound. Estabelecer vínculos de camaradagem almoçando um sanduíche com colegas góis que haviam se formado na Barringer, na South Side, na Central e na West Side — rapazes que tinham sido para mim nada mais que adversários duros e geralmente superiores nas competições esportivas — me fazia sentir extremamente "norte--americano". Eu não tinha nenhuma dúvida de que nós, judeus, já éramos norte-americanos ou que o bairro de Weequahic constituía simplesmente uma vizinhança urbana cem por cento norte--americana, mas, criado durante a guerra e alimentado pela mitologia da irmandade incorporada em canções como "The House I Live In", de Frank Sinatra, e "Tenement Symphony", de Tony Martin, fiquei felicíssimo ao me sentir em contato com a tão proclamada e autodefinidora heterogeneidade do país.

Ao mesmo tempo, eu sabia que, se permanecesse em nosso apartamento de cinco cômodos na Leslie Street, dormindo e estudando no quarto que dividia com meu irmão desde a mais tenra infância, haveria uma tensão crescente entre mim e meu pai simplesmente porque eu não podia dizer com franqueza a ele, nem à minha mãe — embora ela nunca ousasse perguntar —, aonde eu ia nos fins de semana e o que fazia nas noites de sábado. Eu era bem dócil, um rapaz bom e responsável com amigos igualmente bons e responsáveis; não podia ser mais cumpridor dos deveres e bem-educado com as pessoas, não sendo sujeito a impulsos irrefletidos. Mas como também tinha uma mente determinada e independente, se meu pai quisesse interferir na minha vida privada, agora que eu cursava a universidade, eu me sentiria sufocado por suas críticas. Também já desejava me livrar do ritual do jantar em família, pois, como todo adolescente em fase de amadurecimento, a conversa de meus pais me impacientava. No entanto, a principal razão pela qual eu quis ir embora de casa no segundo ano de universidade foi para proteger um pai extremamente trabalhador e que se sacrificava pela família e um filho devotado, porém com ideias próprias, de uma batalha que os dois estavam mal preparados para enfrentar.

Minha mãe não era realmente um problema. Tão logo a independência minha e a de meu irmão começaram a aflorar, ela amenizou as exigências rígidas e às vezes demasiado meticulosas que haviam regido nossos primeiros anos de vida, começando a se mostrar ligeiramente intimidada com nossas demonstrações de maturidade; de certo modo, voltou a se apaixonar por nós, dessa vez como uma mocinha recatada à espera de um convite para sair. Acho que foi uma espécie de movimento prototípica, com a mãe cessando de criar os filhos para ficar com um pouco de medo deles, os filhos saindo de debaixo das saias da mãe com treze, catorze anos. Sandy — nascido quando ela tinha vinte e três anos, uma jovem bonita e muito inocente entrando num casamento em que não havia um vintém, depois de passar a juventude sob a supervisão rigorosa de um pai rígido e tirânico — parece ter se sentido, quando criança, mais reprimido pela constante vigilância maternal do que eu me senti depois, embora ele, assim como eu, tivesse se nutrido bastante do inesgotável sentimento materno que visivelmente provocava e abrandava essa percepção dele. No entanto, é bem possível que Sandy tenha sido submetido a um regime mais inflexível e imposto com mais frequência do que ocorreria comigo cinco anos mais tarde, depois de ela ter aprendido alguma coisa ao criá-lo e depois que o pagamento semanal de meu pai na Metropolitan começou a mitigar as preocupações financeiras do casal. Para mim, entre os oito e os dez anos o ambiente em casa foi simplesmente perfeito, mas aos dezesseis não era mais, e eu quis ir embora.

Não me importava para onde — qualquer universidade serviria. Tudo de que eu precisava eram professores, cursos e uma biblioteca. Eu iria estudar com afinco, ter "uma boa educação" e me tornar o advogado idealista que imaginava ser desde os doze anos. Como nenhum de meus parentes próximos havia se formado numa universidade de ciências humanas, não havia ninguém para me recomendar a instituição em que eu deveria estudar. E, por causa da guerra e do recrutamento continuado, a geração de jovens universitários cujo exemplo eu poderia seguir tinha desaparecido inteiramente da vizinhança; quando eles reapareceram, eram veteranos favorecidos pela lei de acesso a educação superior, parecendo muito mais velhos e inalcançáveis. Nossos únicos e verdadeiros tutores eram os ex-soldados — dançarinos de rumba, conquistadores baratos, empregados da lanchonete —, que não tinham muito mais a fazer do que ficar à toa por ali e jogar basquete conosco. Debaixo da arquibancada do pátio, eles nos ensinaram a jogar dados e pôquer aberto com as moedas furtadas da bolsa de nossas mães ou do bolso da calça de nossos pais, mas em matéria de orientação educacional eu sabia que era melhor procurar em algum outro lugar.

Meu irmão havia frequentado aos sábados a Art Students League em Nova York ainda como aluno do ginasial e, depois de sair da Marinha, estudou por três anos no Pratt Institute. Enquanto eu terminava o ginásio, ele vinha do Pratt nos fins de semana, armava seu cavalete na sala de jantar e depositava sobre a mesa, em cima de uma grossa camada de jornais, suas tintas e materiais de desenho; às vezes deixava ali cópias dos livros de bolso que ele lia no metrô e no trem a caminho de casa. Foi assim que, com quinze, dezesseis anos, li *Winesburg, Ohio*, *Retrato do artista quando jovem* e *Só os mortos conhecem Brooklyn*. Ele desenhava com modelos nus, tinha seu próprio apartamento, quando marinheiro havia estado em bares frequentados por putas e agora fazia esboços rápidos e expressivos a bico de pena de vagabundos da Bowery. No entanto, por mais que admirasse essas realizações, eu não tinha como competir com as escolhas de Sandy: seus estudos o preparavam para uma carreira artística, enquanto meu talento, como minha família descrevia, era o "dom da palavra".

Quando eu estava no primário, meu tio Ed, um comerciante de caixas de papelão, me levou certa vez para ver um jogo de futebol americano na Universidade de Princeton. Eu não tinha me esquecido desse campus — do gramado verde nem do nome sugestivo —, porém nunca me ocorreria tentar meus estudos lá. Eu sabia, por meu tio, que, apesar da presença de Einstein, a cuja casa fizemos uma peregrinação, Princeton "não aceitava judeus". (Por isso havíamos torcido loucamente por Rutgers.) Quanto a Harvard e a Yale, elas não apenas pareciam, assim como Princeton, bastiões das camadas superiores dos góis, socialmente fechadas demais e antipáticas, mas a Liga Antidifamatória da B'nai B'rith havia revelado que os responsáveis pelas admissões nessas universidades utilizavam "cotas para judeus", uma prática repugnante para um jovem patriota norte-americano (quanto mais um membro de uma família inegavelmente judia) como eu. Entusiasmado defensor das Quatro Liberdades,* inimigo da DAR** e eleitor de Henry Wallace, eu detestava o conceito de privilégio que essas famosas universidades elitistas, com seus esquemas discriminatórios, pareciam simbolizar. Embora não creia que conseguisse expressar isso com todas as letras, eu certamente não desejava recapitular em Harvard ou Yale a luta de meu pai para ter êxito numa instituição que acreditava com fervor na superioridade anglo-saxônica. Além do mais, se eu não podia obter uma bolsa na Rutgers, como esperar ajuda de uma universidade que pertencia à Ivy League?

De qualquer modo, havia outras, centenas delas: Wake Forest, Bowling Green, Clemson, Allegheny, Baylor, Vanderbilt, Bowdoin, Colby, Tulane — eu só conhecia os nomes, e mais nada (nem onde exatamente elas se situavam), porque ouvia Stan Lomax e Bill Stern anunciarem no rádio os resultados das partidas de futebol americano nas noites dos sábado de outono. Via esses nomes também nas páginas esportivas do *Newark Evening News* e do *Newark Sunday Call*, assim como nos cartões da loteria de futebol que se podia comprar na mercearia da esquina pela bagatela de vinte e cinco centavos. A loteria de futebol era ilegal — comandada, meu pai me disse, por Long Zwillman e pela máfia de Newark —, porém comecei a comprar os cartões quando eu tinha uns onze anos. Depois, junto com outros garotos da vizinhança, passei a vendê-los como agente do dono da mercearia no pátio da escola quando eu tinha treze anos, criando assim minha

---

* As Quatro Liberdades foram propostas pelo presidente F. D. Roosevelt em 1941 e correspondem às liberdades de expressão, de culto, de viver sem passar necessidade e de viver sem medo. (N. T.)

** DAR (*Daughters of the American Revolution*) é uma organização superpatriota composta de mulheres que descendem diretamente de alguma pessoa envolvida na guerra de independência dos Estados Unidos. (N. T.)

única ligação com o crime organizado. Por meio da loteria, eu devo ter conhecido um número bem maior de instituições de ensino superior do que a orientadora do nosso curso ginasial, que havia me sugerido, quando admiti que na verdade poderia ser jornalista e não advogado, a Universidade de Missouri. Quando contei a meus pais a sugestão dela, minha mãe fez cara de perplexa: "Missouri", ela ficou repetindo com ar trágico. "Eles têm uma grande faculdade de jornalismo", expliquei. "Você não vai para Missouri", meu pai me informou. "É longe demais e não temos dinheiro para isso."

Foi durante as férias de Natal da Newark Rutgers que conversei com meu vizinho da Leslie Street, Marty Castlebaum, com quem, desde o primário, eu mantinha uma amizade muito agradável, embora nada íntima. Marty, que agora é médico em Nova Jersey, era um solitário — magro e muito alto, aparentemente não tão obcecado com sexo ou tão romanticamente ousado quanto meus melhores amigos. Era um estudante bom e tranquilo, fã de beisebol, o produto ideal de uma família judia respeitável e pouco ortodoxa na religião. O perfil da família Castlebaum — e o ambiente ordeiro da casa — era muito semelhante ao meu: uma mãe cortês e de uma competência extraordinária, um pai franco e muito trabalhador (no entanto, como advogado, profissionalmente bem acima do meu) e um irmão mais velho bem parecido com Marty. Embora houvesse um toque alegre em seu temperamento brando, eu o considerava mais preso à sua casa do que os garotos com quem eu tinha mais contato. Se bem me lembro, Marty estudava piano com real devoção, o que pode ter contribuído para separá-lo mais do que seria compreensível daqueles que, como eu, contrabalançavam as boas notas escolares e o comportamento bem-educado com jogos de dados às escondidas e (por conta da remotíssima possibilidade de sermos chamados a usá-las) guardavam camisas de vênus ainda fechadas na carteira.

A família dele morava mais perto que a minha da mercearia da esquina, porém Marty raramente era visto vadiando nos fundos da loja ou zanzando nas proximidades do hidrante onde eu às vezes divertia a turma que costumava se reunir ali fazendo imitações do diretor da escola e do rabino local.

Marty frequentava uma pequena universidade, com cerca de mil e novecentos alunos, cujo nome significava tão pouco para mim quanto Wake Forest ou Bowling Green — a universidade de Bucknell, em Lewisburg, Pensilvânia. Não foi o que ele me disse sobre seus estudos que me fez desejar saber mais sobre o lugar, e sim o fato de que ele parecia ter absorvido lá precisamente as qualidades que lhe faltavam quando adolescente, o tipo de atitude e savoir-faire que encorajam um rapaz a concorrer à presidência do conselho de alunos ou a convidar para sair a garota mais popular da classe. Em questão de semanas, ele, que me parecia condenado a ficar à sombra de sujeitos mais intensos e loquazes como eu, havia desenvolvido uma postura confiante e extrovertida que só se obtém na maturidade. Tinha até uma namorada, da qual falava sem o menor traço da velha timidez. Fiquei muito surpreso. Eu continuava na Leslie Street, mantendo meu pai sob controle ao seguir as regras de conduta de um aluno de ginásio, enquanto Marty dava a impressão de ter entrado para a sociedade dos adultos.

Eu não conseguia esquecer o que ele tinha dito sobre a garota: de manhã ia buscá-la no dormitório e os dois cruzavam juntos o campus a caminho das aulas. Não foi tanto o idílio romântico que me impressionou, mas a simplicidade com que ele contou isso. Naquela universidade chamada Bucknell, em menos de seis meses Marty Castlebaum se tornara um jovem independente capaz de afirmar suas prerrogativas sem vergonha, culpa nem subterfúgios. Na Newark Rutgers, eu podia estar consolidando minha condição de morador de Newark e de cidadão norte-americano, porém não dava para me enganar: mesmo com o cachimbo e as camisas de vênus, eu estava longe de ser um homem-feito.

Em março de 1951, meus pais e eu fizemos a viagem de sete horas de carro até Lewisburg, a cerca de cem quilômetros de Harrisburg, num vale agrícola atravessado pelo rio Susquehanna; a cidade tinha cinco mil habitantes e estava encravada no coração de um dos condados mais conservadores e republicanos do estado. Eu iria ser entrevistado pela assistente do diretor de admissões, uma mulher cortês de meia-idade cujo nome esqueci. Em seu escritório, a srta. Blake, vamos chamá-la assim, disse a nós três que, com minhas notas no ginásio e na Newark Rutgers, eu não teria a menor dificuldade em ser aceito com todos os créditos para os cursos do primeiro ano. Ela foi menos otimista sobre a possibilidade de eu receber ajuda financeira como aluno transferido de outra instituição, porém nos assegurou que eu teria melhores condições de competir por uma bolsa depois de mostrar minhas qualidades na Bucknell.

Fiquei aborrecido ao ouvir isso; parte do problema, imaginei, tinha a ver com a promoção de meu pai. Muito embora um bom quinhão do seu salário ainda fosse para o pagamento da dívida, sua renda crescera substancialmente desde que ele passara a gerenciar o escritório de Union City, e não tínhamos escolha senão indicar o montante correto em meu pedido de ajuda. No entanto, por uma questão de orgulho e privacidade, ele me proibira de mencionar a dívida. Para piorar, não dávamos a impressão de sermos uma família necessitada. De fato, num recatado vestido azul-marinho, minha mãe estava trajada de forma mais atraente — se bem que apropriada — do que a assistente do diretor de admissões; como enfeite, usava o pequeno broche de ouro que recebera por seus dois períodos como presidente da associação de pais e mestres. Com quarenta e sete anos, era uma mulher esbelta e bonita, com um cabelo que começava a ficar grisalho, luminosos olhos castanhos e uma aparência e comportamento de todo americanizado. Na verdade, ela só se sentia inteiramente à vontade entre judeus, por isso gostava de nossa área de Newark. Mantinha uma cozinha kosher, acendia as velas no Shabat e seguia com gosto todas as regras da dieta da Páscoa judaica; fazia tudo isso menos por inclinação religiosa do que pelos profundos vínculos com a casa de sua infância e com sua mãe, cujas ideias do que constituía um lar judaico corretamente administrado ela queria satisfazer e preservar; ser uma judia em meio a judeus era, simplesmente, um de seus maiores prazeres. Entretanto, num ambiente com predominância gói ela perdia sua flexibilidade social e também algo de sua confiança. Com isso, sua respeitabilidade instintiva acabava parecendo mais um escudo com o qual se resguardava do que a expressão natural de sua decência.

Mas essa autoconsciência não deve ter sido exagerada. Tenho certeza de que, para a srta. Blake, durante minha entrevista na Bucknell minha mãe se mostrou apenas uma senhora fina e agradável.

Meu pai, um homem sólido e em boa forma aos cinquenta anos, com o cabelo cada vez mais ralo e óculos sem armação, vestia um terno escuro com colete e parecia alguém que também se sentava atrás de uma escrivaninha para entrevistar candidatos, como de fato ele tinha feito com frequência ao reorganizar a equipe improdutiva do escritório de Union City. Ele sem dúvida se sentia à vontade ao pisar pela primeira vez num prédio universitário. A reviravolta em seu destino (e nos nossos) havia renovado suas prodigiosas energias; devido a isso e a seu orgulho quase palpável por mim e por meu sucesso escolar, irradiava uma confiança bonachona e sem afetação que também me deixava orgulhoso, mas que, eu tinha certeza, estava liquidando minhas chances de receber uma bolsa da Bucknell. Se ele tivesse se revelado uma fonte de embaraço (como antes, naturalmente, eu havia temido), se tivesse se esforçado demais, tentando convencer a Bucknell de como eu era um bom menino ou contando à srta. Blake o progresso feito nos Estados Unidos por nosso grande exército de parentes, na verdade teria sido mais fácil convencê-la. A imagem que apresentamos de uma família que se fez por seus próprios esforços, uma família empreendedora, alegremente coesa e próspera, me deixou certo de que eu estava perdido. Certo, eu poderia entrar na Bucknell, mas jamais por falta de recursos financeiros.

Mais tarde, naquele dia, Marty Castlebaum nos levou para conhecer toda a universidade e as simpáticas ruas ladeadas de árvores frondosas que conduziam à avenida principal, onde tínhamos quartos reservados no Hotel Lewisburger. Desde que eu havia visitado Princeton com meu tio Ed, essa era a primeira vez que eu passeava por uma cidade onde as pessoas realmente moravam em casas do século XVIII. Num pequeno gramado perto da fraternidade de Marty, havia um canhão da Guerra Civil que ele, ousadamente, contou a meus pais que disparava "quando uma virgem passava por ali".

O campus foi o que mais me encantou: prédios com paredes de tijolos cobertas de hera e espalhados por longos e ondulantes gramados em meio a árvores enormes. Na "Colina", o coração do campus, as janelas do dormitório masculino se abriam para milharais e pastagens na direção dos morros de Lycoming. Havia um relógio na cúpula do dormitório que soava de hora em hora, uma elegante agulha encimando a nova biblioteca, um ponto de encontro dos estudantes que Marty chamou, com familiaridade, de Chet's (embora uma tabuleta o identificasse como "O Bisão") e um dormitório chamado Larison Hall, onde morava a namorada dele. Aqui e ali no campus, bem como nas ruas que desciam da Colina, havia cerca de dez prédios com a aparência de mansões, suas fachadas inspiradas em casas senhoriais inglesas ou nas sedes de grandes fazendas com suas tradicionais colunatas; nelas moravam os membros das várias fraternidades. No conjunto, tratava-se de uma pequena cidade universitária em nada excepcional, do tipo que eu já tinha visto nos filmes de Kay Kyser ou June Allyson, não muito acanhada ou modesta, certamente não refinada nem artificialmente elegante, mas, pelo contrário, perfeitamente compatível com os sonhos mais corriqueiros de um lugar acolhedor. Lewisburg irradiava uma civilidade despretensiosa na qual se podia confiar, em vez de uma intimidante aura de privilégios. Sem dúvida, a paisagem rural e o cenário de cidade pequena, além da srta. Blake, sugeriam uma versão inquestionavelmente gói daquela urbanidade singela, mas em 1951 nenhum de nós considerou pretensioso ou impróprio que a velocidade da aculturação de nossa família tivesse sido capaz de nos levar, ao longo de meio século, da dura existência de meus avós, que falavam iídiche e viviam num gueto paupérrimo de Newark, àquele belo local, cujo harmonioso espírito de americanismo era proclamado em tudo que víamos a nosso redor.

Meus pais mostraram-se tão impressionados quanto eu, embora provavelmente menos pelo ambiente universitário da Bucknell do que por nosso entusiasmado guia, um menino judeu da nossa vizinhança que lhes parecia, como a mim, estar se dando maravilhosamente bem naquela atmosfera estranha. Depois do jantar no restaurante do hotel, quando Marty seguiu para seu dormitório e subíamos no elevador para nossos quartos, meu pai me disse: "Você gostou, não foi?". "Gostei, mas como vamos pagar se eles não me derem uma bolsa para setembro?" "Esqueça a bolsa", ele respondeu. "Você quer vir para cá e virá."

Fiquei até tarde sentado à pequena mesa do meu quarto, com uma pilha de papéis de carta do hotel prontos para registrar meus "pensamentos". Repassei muitas vezes a conversa com meu pai no elevador do hotel, acrescentando algo que eu não teria autocontrole suficiente para dizer a ele cara a cara, mas que era capaz de escrever com toda a liberdade e exuberância numa folha do Lewisburger. Eu tinha a sensação deliciosa de haver superado o pior e de ao mesmo tempo ter preservado, sem dano algum, o longo acordo pré-universitário que havia nos tornado uma família indestrutível: "E agora não precisaremos ter aquela briga terrível — fomos salvos pela Bucknell".

Sobre a questão que vinha em banho-maria desde que entrei na universidade — meu paradeiro depois da meia-noite nos fins de semana —, meu pai e eu naturalmente tivemos uma briga terrível quando voltei de Lewisburg nas minhas primeiras férias do meio do ano. E foi pior do que eu previra, apesar da banalidade da causa imediata. Junto com minha mãe, meu irmão — que por sorte tinha vindo de Manhattan, onde começava a se estabelecer como artista comercial — fez o possível para atuar como pacificador e, na condição de emissário diplomático em franca atividade, corria de um extremo ao outro do apartamento onde os dois beligerantes furiosos tinham se encastelado. E embora, depois de dois dias de berros histriônicos e silêncios amargos, meu pai e eu — por causa, enfim, da tristeza de minha mãe — tenhamos negociado uma frágil trégua, voltei para a Bucknell como um filho em estado de choque, recém-evacuado do campo de batalha edipiano e com uma tremenda necessidade de repouso e recuperação.

Um homem branco, cristão e atraente que entrasse na Bucknell no começo da década de 1950 podia esperar ser cortejado por muitas das treze agremiações estudantis. Um atleta promissor, alguém formado numa escola preparatória prestigiosa, o filho de pais ricos ou de ex-alunos famosos poderiam receber convites de até dez delas. Um judeu calouro — ou vindo de outra instituição, como eu — podia esperar ser procurado por no máximo duas, a fraternidade exclusivamente judaica Sigma Alpha Mu, que, como as cristãs, era a divisão local de alguma associação nacional, e a Phi Lambda Theta, uma fraternidade local, sem afiliações nacionais e que não discriminava com base em raça, religião ou cor. Um aluno judeu que desejasse participar da vida das agremiações encontraria sérias dificuldades se não fosse aceito por nenhuma das duas. Se não suportasse ser um "independente" — comendo no refeitório da universidade, vivendo em dormitórios ou num quarto na cidade, fazendo amizades e namorando fora da constelação social reinante —, ele teria de arrumar as malas e ir embora. Havia alguns poucos casos relatados de estudantes judeus que haviam feito isso.

A fraternidade judaica não tinha muito de judaica, com exceção do apelido totalmente aceito que identificava seus membros na Bucknell e nos demais campus onde havia uma Sigma Alpha Mu: todos os irmãos judeus eram chamados de Sammies e também se tratavam por Sam. Se o nome da fraternidade fosse Iota Kappa Epsilon, as pessoas talvez não tolerassem ser tão facilmente chamadas de Ikeys,* mas ninguém parecia considerar Sammies um rótulo estigmatizante. Talvez o propósito fosse profilático, evitando a atribuição de diminutivos menos benignos que esse acrônimo que soava tão amistoso e que só em seu sufixo carregava uma ligeira pontada de preconceito. Eu, no entanto, nunca me acostumei a ouvi-lo nem nunca fui capaz de pronunciá-lo, mas isso porque eu provavelmente havia me tornado sensível demais por causa do romance de Budd Schulberg, que eu tinha lido no ginásio, sobre o mais insistente dos judeus insistentes, Sammy Glick.

* *Icky*, com pronúncia semelhante, significa "nojento". (N. T.)

A cozinha Sammy, onde eram servidas três refeições por dia para seus cerca de sessenta e cinco membros, cheirava mais como a de um navio cargueiro que a do *sanctum sanctorum* de um lar judaico tradicional. "Cookie", o chef, era um veterano da Marinha que morava na cidade, um homem pequeno de cara emburrada e corpo tatuado, com um queixo longo e caído que sempre parecia exibir uma barba de dois dias; ele estaria bem fritando cebola na chapa de alguma lanchonete das estradas secundárias dos Estados Unidos. Ovos com presunto ou bacon faziam parte de todos os cafés da manhã, e costeletas de porco ou fatias grossas de presunto eram servidas no almoço ou no jantar algumas vezes por semana — nada muito diferente do cardápio das outras agremiações e do refeitório estudantil. Mas ninguém entrava na fraternidade judaica para comer comida kosher nem para respeitar o Sabath, estudar a Torá ou discutir os tópicos judaicos do dia; também não entrava esperando se livrar de hábitos judaicos embaraçosos. Em geral, o candidato vinha de uma família — como a minha — para a qual a assimilação não era mais uma questão candente; se fosse, ele nem teria ido para a Bucknell, ou não ficaria lá por muito tempo. Isso não significa que os pais judeus teriam preferido que a universidade decretasse que seus filhos poderiam participar das agremiações dominadas por cristãos. Não, em 1951 a Sigma Alpha Mu agradava a todo mundo. Os judeus se juntavam porque eram profundamente diferentes, mas também iguais aos outros.

Por acaso, a oportunidade de ser o único judeu a poder entrar para uma fraternidade gói me foi oferecida quando cheguei, como segundanista, em setembro de 1951. Fui convidado não só pela Sigma Alpha Mu judaica e pela independente Phi Lambda Theta, mas também pela Theta Chi. Por razões que nunca me foram bem explicadas, a Theta Chi já tinha entre seus sessenta e tantos membros um judeu, que cursava o quarto e último ano. Ele tinha um nome gói, uma aparência não semita, e, como presidente da fraternidade, havia se esforçado para que eu fosse convidado, embora meu nome e minhas feições provavelmente não enganassem ninguém. Levei o convite a sério e, durante a fase de escolha, fiz várias refeições na casa como convidado. Eu havia decidido entrar para uma fraternidade porque me dei conta de que, caso contrário, seria quase impossível penetrar na sociedade dos estudantes como segundanista. Assim, à luz de meus ideais democráticos e princípios liberais, não fazia sentido capitalizar essa brecha inexplicável num sistema fortemente segregado?

Ser membro da Theta Chi sem dúvida soava mais instigante para um rapaz vindo do bairro Weequahic de Newark do que se acomodar, como previsto, entre outros judeus. Quanto à fraternidade independente, cuja casa pouco pretensiosa ficava numa rua algo afastada e abrigava quase cem alunos, tive a impressão, depois de um rápido exame, de que os membros que encontrei lá eram ingenuamente orgulhosos da devoção a seus princípios ou tímidos e socialmente inseguros, rapazes que, na verdade, não tinham outro lugar para ir. Talvez eu tivesse me enganado, mas me chamou a atenção o ar de caridade e virtude que senti ali, algo mais puramente "cristão" do que o que eu tinha visto numa fraternidade nominalmente cristã mas essencialmente não religiosa como a Theta Chi — algo que cheirava ao tipo de bondade identificado com o Exército da Salvação. Levando tudo em conta, achei que eu ia precisar de uma atmosfera um pouco mais dissoluta e menos utópica, na qual eu pudesse realizar até mesmo um décimo dos projetos abominavelmente eróticos que — como meu pai bem previa — eu almejava em segredo havia anos. Os objetivos muito dignos da Phi Lambda Theta tornavam aquela casa parecida demais com a minha.

Custasse o que custasse, a escolha não podia ter nada a ver com a preferência de meus pais, já que estabelecer minha independência tinha sido a própria razão de eu sair de casa. Numa série de cartas para meus pais, expus o problema de uma forma escrupulosamente maluca, digna de Kafka. Em vez de responderem instintivamente ao que deveria lhes ter parecido uma bobagem ingênua, eles ficaram suficientemente intimidados por todas as minhas páginas a ponto de consultarem o casal Green, amigos judeus que trabalhavam no ramo do vestuário e cuja filha manifestara desejo semelhante anos antes. A postura que adotaram ao telefone foi bastante sábia: disseram que queriam que eu fizesse o que me deixasse "mais feliz". Se eu achasse que ia ser mais feliz com rapazes cuja formação era diferente da minha, então naturalmente deveria escolher a Theta Chi; porém, se no final ficasse evidente para mim, como era para eles e para os Green, que eu seria mais feliz com rapazes como Marty Castlebaum, cuja formação era semelhante à minha, então eu deveria escolher a SAM. *Eles* ficariam contentes, disse minha mãe — foi ela a escolhida, por seu tato, para falar por eles —, com qualquer escolha que garantisse a *minha* felicidade... e assim por diante.

Se eu tivesse entrado para a Theta Chi como o novo judeu da fraternidade, é bem possível que o desafio às convenções houvesse se provado estimulante por algum tempo e que a descoberta dos segredos daquela comunidade desconhecida pudesse, no início, ter provocado um genuíno entusiasmo antropológico. No entanto, provavelmente não demoraria muito para que eu descobrisse que o lado exuberante de minha personalidade — o hábito de fazer imitações cômicas para os amigos, a tendência à especulação ridícula e teatral — não se coadunava, na sala de jantar da Theta Chi, com o decoro sóbrio e prosaico que me impressionara como algo típico de uma pequena cidade do interior. Minha trajetória na Theta Chi talvez tivesse sido até mais curta que a no Sammy comprovou ser. Eu não estava com medo da tentação de me tornar um Wasp honorário, mas suspeitava de uma atmosfera comunal que poderia me impor a autocensura, uma vez que, ao sair de casa, a última coisa que eu desejava era me amoldar à ideia que alguém fizesse sobre o que eu deveria ser. Passado algum tempo, acabei entendendo que entrar para a Theta Chi seria um gesto muito mais conformista do que adotar o caminho aparentemente convencional de ficar junto a rapazes com uma formação similar à minha, os quais, exatamente por terem um estilo familiar, seriam incapazes de inibir minhas manifestações mais expressivas. Vindos de ambientes como o meu, alguns deles também poderiam ter desejos semelhantes.

Poucos deles tinham — para ser preciso, ambos eram segundanistas e estudantes de inglês: Pete Tasch, de Baltimore, e Dick Minton, de Mount Vernon, Nova York. Pete, que depois se tornou professor de inglês, era um rapaz muito atilado e de fino gosto literário, o que o distinguia não apenas dos demais membros da fraternidade, mas, de modo ainda mais ostensivo, da garotada que lhe pedia Coca-Colas e batatas fritas no Sweet Shop, uma lanchonete muito popular onde ele trabalhava às tardes e às noites a fim de se sustentar. Dick, que mais tarde seguiu a profissão de advogado, era inabalável, um sujeito franco e direto, sem a menor pretensão e muito inteligente, que ouvia os quartetos de Beethoven quando não estava lendo. Suas intensas paixões culturais não podiam ser compartilhadas com mais de uma dúzia de estudantes no campus e por quase ninguém na casa da fraternidade. No inverno de 1952, pouco mais de um ano depois que entrei na Bucknell, nós três pedimos demissão da Sigma Alpha Mu e nos dedicamos à *Et Cetera*, uma revista literária que ajudamos a fundar e cujo controle depois assumimos; atuei como editor em 1952 e 1953, substituído por Pete no ano seguinte, enquanto Dick ocupava a função de editor literário.

A fraternidade se dividia praticamente em dois grupos: os que estudavam comércio e finanças, preparando-se para seguir carreira na área de negócios ou na advocacia, e aqueles que frequentavam os cursos de ciências exatas a caminho da faculdade de medicina; havia ainda uns tantos engenheiros e, além de nós três, mais uns poucos estudantes de humanidades. Antes de meu crescente interesse pela literatura consolidar minha relação com Pete Tasch e Dick Minton, o Sammy cuja companhia eu mais apreciava era um estudante de comércio e finanças, Dick Denholtz, sujeito corpulento e de barba preta, seguro de si; eu associava seu vigor físico com a energia peculiarmente judaica que dava a meu bairro sua excepcional exuberância. Dick vinha dos subúrbios de Newark, e talvez nossa forte porém breve união se deveu ao fato de que as raízes norte-americanas de sua família, assim como as da minha, estavam implantadas na vizinhança judaica de uma cidade de Nova Jersey. Juntos, éramos os atores grosseiros e desinibidos que improvisavam sátiras na sala depois do jantar; Dick Denholtz e eu escrevemos e dirigimos o esquete musical da SAM para a festa de congraçamento das fraternidades no meio do ano — uma versão reduzida de *Guys and Dolls* passada de forma improvável na Bucknell —, ocasião em que também cantamos a plenos pulmões. Nossas animadas criações burlescas — do tipo que eu não esperava serem bem recebidas na casa da Theta Chi — constituíram as únicas e inequívocas manifestações de um "espírito judaico" na SAM. Pela maneira com que os dois extrovertidos ridicularizavam tudo ao redor e com que os outros nos achavam engraçados, a Sigma Alpha Mu esteve mais próxima, a meu juízo, de ser uma fraternidade judaica.

Eu nunca soube como o corpo estudantil predominantemente protestante via a fraternidade judaica. Quase dois terços dos alunos da Bucknell provinham de pequenas cidades da Pensilvânia e de Nova Jersey, enquanto a maioria dos Sammies era de Nova York — sobretudo do condado de Westchester e de Long Island, uns poucos da própria cidade. Naturalmente, as famílias de certas alunas teriam preferido que elas não namorassem judeus, e algumas obedeceriam de boa vontade, mas, como não havia nem vinte judias no campus e cerca de oitenta judeus, as moças que eu via nas festas da SAM em geral eram góis, muitas nascidas em comunidades onde provavelmente não havia um único judeu. Ao longo dos anos, a Sigma Alpha Mu tinha se esforçado para ganhar o troféu acadêmico na disputa entre as fraternidades, frequentemente com êxito; e, embora não houvesse um número suficiente de Sammies jogando nas equipes da universidade para dar à nossa casa uma aura esportiva (no meu tempo, havia apenas dois no time de basquete e dois no time de futebol americano), o evento *social* mais importante do começo da década de 1950 foi uma invenção nossa. A natureza do evento sugere (como aconteceu na impudente versão de *Guys and Dolls* na festa do meio do ano) que aceitar as convenções de relacionamento do campus como pessoas sensatas que buscavam ser assimiladas não constituía o motivo principal dos líderes dos Sammies. O objetivo era marcar posição como uma fraternidade claramente desinibida e exuberante.

A ideia do "Festival da Areia" não era original, tinha sido copiada de alguma fraternidade de uma instituição maior, como Syracuse ou Cornell, onde o conceito de uma festa de praia num recinto fechado havia alcançado um sucesso colossal, do tipo que os Sammies da Bucknell esperavam que os elevaria ao pináculo da popularidade no campus. Tapetes, móveis, armários de troféus e os quadros nas paredes, tudo precisava ser retirado do térreo para que a sala de jantar e as duas salas de estar fossem cobertas com sete centímetros de areia e decoradas com barracas de praia. O assoalho teria de ser reforçado para suportar o peso da areia. Mais ainda: depois que a areia posta lá dentro comprovou ser repugnantemente pegajosa, foi necessário aquecê-la com luzes fortes a fim de reduzir a umidade, que aumentara de forma perigosa o peso total. O traje exigido era roupa de banho (em março), e todos os alunos foram convidados. Para anunciar o evento, foram afixados cartazes em todo o campus. E certa tarde um pequeno avião sobrevoou o campus fazendo o convite através de um alto-falante.

Durante a fase de planejamento, expressei meu desconforto com os gastos, com a magnitude do esforço e com o que me parecia o uso ridículo da própria estrutura física; embora longe de ser uma obra-prima arquitetônica, o prédio possuía uma integridade pesadona e sólida da década de 1920 e, afinal de contas, servia como nosso lar coletivo. Garanti aos irmãos que estava tão contente como qualquer um deles com a perspectiva de produzirmos aquele espetáculo pornográfico entre nossas paredes e, sem dúvida, encantado com a ideia de todas aquelas alunas da Bucknell deitadas na areia com seus maiôs de duas peças, numa aberta contravenção ao severo código de vestuário aplicado pelo Conselho de Honra (um grupo de alunas ilustres que julgavam as infrações de conduta de suas colegas e decretavam a punição quando, por exemplo, uma estudante era vista numa aleia da universidade com uma bermuda dois centímetros mais curta do que o prescrito). Eu não me opunha à exibição carnal, mas lembrei meus irmãos de que, acabada a festa, se nossa casa continuasse de pé precisaríamos voltar a viver nela e que iríamos mastigar areia com o purê de batatas por muitos semestres. Fizeram-me calar aos berros.

Entre os poucos que argumentaram que os planos para o Festival da Areia eram grandiosos demais — infantis, ostentatórios, imprudentes, loucos —, Tasch, Minton e eu fomos os mais insistentes. Naquela altura, tentávamos publicar quatro números por ano de uma nova revista, inspirada por Addison, Steele e Harold Ross, e sentíamos que estávamos sendo recrutados à força para participar como extras na produção de um daqueles musicais encenados por Mike Todd.

Dezenas de estudantes amontoaram seus casacos, sapatos e cachecóis no porão e se espalharam quase nus pela praia artificial no andar de cima, mas o Festival da Areia transcorreu sem nenhum desabamento nem invasão da polícia do campus. Se pudesse ocorrer algo semelhante a uma orgia, noventa por cento (mais!) dos presentes teriam partido para The Spit (nome que dávamos no campus ao cinema fuleiro da cidade) mesmo sem a intervenção das autoridades; eu, com minha convidada de Chester, Pensilvânia, provavelmente teria ido com eles. Naturalmente, as fantasias eróticas dos alunos eram mais explícitas do que se as moças estivessem usando corpetes e vestidos de tafetá como era de praxe na festa anual mais refinada de qualquer fraternidade; entretanto, na década de 1950, a Bucknell, com os trotes nos calouros e o comparecimento compulsório ao serviço religioso, com suas cerimônias de premiação e atmosfera jovial, ainda estava bem longe da Berkeley de 1968 e da Woodstock de 1970, e menos ainda dos jardins suspensos do Plato's Retreat.

Certamente não germinou no Festival da Areia da SAM a semente do exibicionismo dadaístico de judeus que vicejaria na década seguinte graças a rebeldes político-culturais e a empresários espertamente anárquicos — figuras provocadoras e tão diferentes quanto Jerry Rubin e Abbie Hoffman; os sete réus de Chicago e o advogado de defesa deles, William Kunstler; Tuli Kupferberg, poeta e presença frequente nas páginas de *Fuck You/A Magazine of the Arts*; Hillard Elkins, o produtor de *Oh, Calcutta!*; Al Goldstein, o editor de *Screw*; sem esquecer Allen Ginsberg, Bella Abzug, Lenny Bruce, Norman Mailer e eu. Embora uma centelha de atrevimento desafiador talvez tivesse posto fogo na primeira reunião da fraternidade em que ideia tão extravagante mereceu uma consideração séria, em última análise a festa foi organizada por rapazes convencionais e bem-comportados que se preparavam para seguir carreiras seguras em comunidades ordeiras da classe média norte-americana. O tema erótico subjacente ao Festival da Areia se evidenciou de forma mais alegre e com um toque mais imaginativo do que a caça às calcinhas realizada meses depois, pois tudo ocorreu como se estivéssemos à beira da piscina de um clube de campo.

Na verdade, a turba de alunos do primeiro e segundo anos que desceu a Colina numa noite de abril para entrar nos quartos das estudantes (já então com suas camisolas de dormir) e furtar suas calcinhas produziu uma versão bem mais orgiástica do que o cenário libidinoso dos Sammies. O fantástico espetáculo exibicionista planejado e financiado por eles com o intuito de obter projeção social, embora constituísse um ousado desafio aos padrões de decência comunal como nenhum outro montado em Lewisburg durante os anos em que lá vivi, de fato tinha menos a ver com os impulsos reprimidos que culminaram na revolução sexual da década de 1960 do que o machismo arruaceiro daquela caça às calcinhas primaveril que me pareceu sem sentido na época.

"Vamos criar uma revista... sem medo de ser obscena..." O verso zombeteiramente encorajador foi escrito por E. E. Cummings, cuja poesia eu começara a ler (e recitar para amigos) sob a influência de Robert Maurer, um jovem professor de literatura norte-americana do departamento de inglês. Ele estava preparando sua tese de doutorado sobre o poeta, e sua mulher, Charlotte, tinha sido secretária de William Shawn na *New Yorker* antes de se casar com Bob e os dois irem para Lewisburg. Com um M.A. do Montclair State College e o ph.D. incompleto da Universidade de Wisconsin, Bob provavelmente recebia metade do que meu pai ganhara lutando para nos sustentar com o salário de corretor de seguros. Uma das coisas que vim a admirar nos Maurer era a absoluta penúria dos dois, que lhes conferia uma admirável independência das convenções sociais sem transformá-los, o que seria insuportável, em boêmios típicos da década de 1950. Nosso boêmio residente (ou o que havia de mais próximo disso em Lewisburg) era o artista da universidade, Bruce Mitchell, que dava aulas de pintura, amava o *bop*, bebia um bocado e tinha uma mulher que usava saias compridas de camponesa. Os Maurer me pareciam livres (no mais amplo e melhor sentido da palavra), cidadãos sensatos, perfeitamente respeitáveis, embora desinteressados de status e aparência. Possuíam seus livros e discos, um carro velho, uma casinha de paredes de tijolos quase sem móveis, e o paletó surrado de Bob tinha remendos nos cotovelos por razões nada ornamentais — entretanto, o que eles não possuíam parecia não lhes fazer a menor falta. Era tão fácil para ambos ser pobre que decidi seguir o exemplo deles e me tornar pobre algum dia, seja como professor de inglês, como Bob, seja como um escritor sério e tão bom que ninguém nunca compraria meus livros. Bob, filho de um açougueiro, era um ser urbano moldado pela Depressão e criado na minha região industrial de Nova Jersey. Apesar disso, era tão magricela e tinha uma cabeça tão pequena que, com seus óculos ovais e roupas andrajosas, mais parecia um matuto educado, um menino pobre do campo que, num romance de Sherwood Anderson, tivesse lutado de forma semiconsciente para se libertar. Seu jeitão direto também parecia ter origem nas vastas planícies, e uns vinte anos mais tarde, depois que cansou de ensinar e de ter abandonado o emprego na Universidade de Antioch, Bob passou a ganhar a vida escrevendo para as revistas *Current Biography* e *Field and Stream*. Terminou sozinho, e pelo que se sabe bem feliz, ensinando beisebol a meninos chilenos do interior num programa do Peace Corps. Morreu de um ataque cardíaco em 1983, com sessenta e dois anos. No funeral, seu filho, Harry, que havia nascido em Lewisburg quando eu estudava lá, leu em voz alta o conto de Hemingway de que Bob mais gostava, *Big Two-hearted River*.

Charlotte tinha seu próprio jeito despojado, ainda mais atraente por causa de um tênue sotaque da Flórida. Era psicologicamente mais delicada que Bob e vinha de uma família um pouco mais próspera. Para mim, a educação menos ortodoxa dela na Universidade de Antioch e a experiência de haver trabalhado na *New Yorker* a tornavam terrivelmente sofisticada. Com um rosto bonito apesar do queixo saliente, uma pele sardenta e saudável, era tão atraente quanto seu sotaque. Entretanto, só depois que me formei na universidade e passei uma semana com os dois na cabana primitiva que tinham à beira de um penhasco, numa ilhota do Maine, é que me permiti, nos passeios que fazíamos sozinhos, apaixonar-me pela mulher do meu professor. Com dezoito anos, eu vibrava por ser tratado por eles como amigo e ser convidado, em algumas noites de sábado, para escutar o disco com os poemas de E. E. Cummings, beber o vinho Gallo que serviam ou ouvir Bob contar como tinha sido sua infância e juventude de gói, durante as décadas de 1920 e 30, na cidade de classe operária chamada Roselle, em Nova Jersey.

Falei abertamente com eles sobre minha formação, a vinte minutos de carro da velha casa da família de Bob em Roselle, que fazia fronteira com Elizabeth, onde meus avós maternos, ao chegarem da Europa ainda bem jovens, haviam se instalado por conta própria no início do século. Juntamente com Jack e Joan Wheatcroft, outro jovem casal do departamento de inglês com quem logo estabeleci uma amizade íntima, os Maurer devem ter sido os primeiros góis que levei para conhecerem meu bairro judeu, minha família e meus amigos. Quando eu me levantava da mesa de um salto para imitar os conhecidos mais pitorescos, descobri que eles não apenas se divertiam, mas se interessavam e me encorajavam a contar mais sobre minhas origens. Porém, enquanto eu tratava de abrir caminho lendo de Cynewulf a *Mrs. Dalloway* — e enquanto estudava numa universidade onde os cinco por cento de alunos judeus em nada influenciavam o estilo do corpo estudantil —, não me ocorreu que essas historinhas e observações poderiam ser transformadas em literatura, por mais ficcionais que já tivessem se tornado no momento do relato. As explorações de Asheville por Thomas Wolfe ou de Dublin por Joyce não sugeriam nada sobre a maneira de dar foco àquela ânsia de relatar minha própria experiência. Como seria possível a arte lançar raízes num bairro paroquial de judeus de Newark que nada tinha a ver com o enigma do tempo e do espaço, do bem e do mal, das aparências e da realidade?

As imitações com que eu divertia os casais Maurer e Wheatcroft eram do tio velhaco de alguém que agenciava apostas em corridas de cavalo, do filho vigarista de um outro que tocava bongô na esquina, dos cômicos Stinky e Shorty, cujas performances eu aprendera no teatro Empire Burlesque, no centro de Newark. As histórias que eu contava eram sobre a vida amorosa ilícita de nosso vizinho presunçoso, um imigrante baixinho chamado Seltzer King, e sobre o apetite estupendo — por piadas, picles, jogos de cartas, tudo — do amigo de nossa família, o *bon-vivant* de cento e quarenta quilos que chamávamos de Rei da Maçã. Em contraste, os contos que eu *escrevia*, situados em lugar nenhum, eram coisinhas lamurientas sobre crianças sensíveis, adolescentes sensíveis e jovens adultos sensíveis, todos esmagados pela sordidez da vida. Os contos pretendiam ser "tocantes"; sem entender isso totalmente, eu queria que minha ficção fosse "refinada", elevada a alturas desconhecidas pelos judeus de classe média baixa da Leslie Street, concentrados na necessidade de ganhar a vida, criar suas famílias e ocasionalmente tentar se divertir. Seria bem ruim se, nos primeiros contos como estudante universitário, eu tentasse provar que era um bom rapaz judeu.

Mas o pior é que eu tentava provar apenas que era um bom rapaz. O judeu não era visto em lugar nenhum, não havia judeus nos contos, nada de Newark, nem um vestígio de comédia — a última coisa que eu desejava era fazer alguém rir com meus escritos. Desejava mostrar que a vida era triste e comovente, mesmo quando eu a via como convidativa e excitante; queria demonstrar que eu era "compassivo", uma pessoa cem por cento inofensiva.

Nesses primeiros contos como estudante, consegui copiar de Salinger alguns artifícios bem açucarados e, do jovem Capote, sua diáfana vulnerabilidade, além de imitar desastradamente meu titã, Thomas Wolfe, chegando aos extremos tanto da autocomiseração como da autovalorização. Eram contos tão ingênuos quanto podem ser os de um estudante, e eu tinha sorte de estar num campus como o da Bucknell, onde não havia uma facção intelectual que se opusesse a meu diminuto grupo de admiradores, pois então eu seria um alvo muito fácil para qualquer pessoa interessada em satirizar minha ficção. Por outro lado, caso existisse ali uma competição séria, eu talvez nem tivesse composto aquelas inconscientes alegorias pessoais. E elas eram de fato representações alegóricas, pois eu havia descoberto que era muito mais um estranho no ninho da Bucknell do que eu tinha sido como adolescente na Leslie Street, sem falar na Newark Rutgers, onde, como um rapaz de classe média baixa pertencente a uma minoria ambiciosa que lutava por uma vida melhor, eu por pouco tempo havia representado o papel do descendente de imigrantes apaixonado pela educação superior.

Não creio que alguma vez eu tenha me sentido desconfortável em algum lugar só por ser judeu, embora não desconhecesse, sobretudo logo depois de eu sair de casa, que eu *era* um judeu numa universidade cujos estatutos exigiam que mais da metade do conselho diretor fosse composta de membros da Igreja Batista, onde o comparecimento aos serviços religiosos era obrigatório para os estudantes dos primeiros anos e onde a maioria dos alunos tinha carteirinha da Associação Cristã. No entanto, pouco depois de eu entrar na SAM não me senti mais próximo de meus irmãos do que eu me sentia dos membros da Associação Cristã que tinham morado no meu dormitório e passado boa parte da noite jogando futebol americano no corredor do lado de fora do quarto onde eu engendrava personagens para meus contos de refinamento vitimizado. Tal como as jovens vítimas superprotegidas desses contos curtos, eu estava me tornando sensível demais. Não às diferenças religiosas, mas às diferenças espirituais numa universidade onde o tom dominante parecia emanar do amplo grupo de alunos dedicados ao estudo de comércio e finanças — estudantes que se preparavam para fazer carreira no mundo dos negócios, em plena expansão no pós-guerra e ao qual eu me opunha não apenas devido aos meus ideais literários, mas também por questionar a avidez pelo lucro desde que aos catorze anos passara a ler o jornal nova-iorquino *P.M.* Os cursos que me atraíam eram típicos de tudo que o mercado considerava inútil, mas lá estava eu, convivendo com seus mais entusiasmados defensores — os filhos e as filhas acomodados ao status quo norte-americano no alvorecer da era Eisenhower —, convencido de que a mente e não o dinheiro dava significado à vida e estudando com afinco crítica literária, pensamento moderno, Shakespeare avançado e estética.

Em setembro de 1952, como segundanista, virei editor chefe da *Et Cetera*, Pete Tasch editor-executivo e os Maurer tornaram-se nossos consultores. Bob constava nos créditos como consultor literário oficial, enquanto Charlotte como consultora informal. A influência dela nas páginas iniciais de cada número seria evidente para qualquer pessoa que conhecesse a seção da *New Yorker* intitulada "Talk of the Town". Nosso equivalente era uma miscelânea de duas páginas, com notas supostamente espirituosas, chamada

"Linhas de Trânsito", título que julgamos bem apropriado num campus onde os estudantes de engenharia eram vistos com frequência numa alameda fazendo pesquisas com um teodolito. As matérias começavam na primeira pessoa do plural, com um tom invariavelmente ligeiro que o editor julgava sofisticado: "Quando tomamos conhecimento da nova política de inspeção dos dormitórios (os homens que viviam na Colina teriam seus quartos inspecionados todas as semanas por oficiais das forças militares), estávamos preparados para ver, em todo o campus, cartazes proclamando 'Abaixo os militares' ou 'Tirem esses fascistas dos nossos quartos!'". "Outro dia compramos uma pele genuína e não tingida de carneiro pela ridícula soma de cinco dólares." Algumas matérias eram habilidosas e dignas de ser lidas, outras abusavam do cabotinismo e nenhuma seguia o preceito de Cummings de que uma revista devia ser "destemidamente obscena".

A "nosso" ver, a obscenidade estava representada no jornal semanal dos estudantes, o *Bucknellian*, ao qual a *Et Cetera* esperava ser uma alternativa sofisticada. Pouco mais de uma década depois, estudantes dissidentes desafiaram os valores oficialmente endossados no campus ao promoverem em suas publicações o mau gosto e comportamentos ilícitos; no começo da década de 1950, aqueles de nós que desejavam exibir fino humor e charme nas notas da seção "Linhas de Trânsito" foram de fato os dissidentes da Bucknell, muito embora adotássemos a atitude baseada na *New Yorker* com o propósito de elevar, e não de rebaixar, o estilo da universidade. Realisticamente, ninguém que trabalhava na revista esperava que ela fizesse algo mais do que tornar tangíveis as diferenças entre a sensibilidade coletiva do corpo estudantil e a nossa própria, que se alterava rapidamente sob a influência dos professores de inglês de quem éramos os favoritos e que nos ensinavam a ter prazer em usar uma palavra como "sensibilidade". Seja como for, ao menos para mim essas diferenças refletiam a divisão nacional entre a minoria civilizada que havia votado em Adlai Stevenson e a maioria de filisteus que, com larga margem, elegera Eisenhower presidente.

No dia seguinte à derrota de Stevenson, eu me pus de pé na aula de inglês 257 (Shakespeare: estudo intensivo de um pequeno número de peças), do professor Harry Garvin, e, a pretexto de analisar determinada passagem sobre uma turba em *Coriolano*, desanquei o povo norte-americano (e, indiretamente, o corpo estudantil da Bucknell, que votara pesadamente em Eisenhower) por haver escolhido um herói de guerra em detrimento de um estadista intelectual. Embora seu olhar sugerisse que eu estava fazendo algo totalmente descabido, Gavin, talvez por compartilhar meu desapontamento, deixou que eu fosse até o fim sem interrupções, enquanto a maioria dos estudantes de Shakespeare se mostrava divertida ou entediada com minha diatribe. Absolutamente convicto de que eu tinha razão e que estávamos condenados a viver num país de idiotas, sentei-me pensando que, apesar do óbvio consenso na classe, *eles* é que eram os imbecis perigosos.

Apesar dessa explosão, nunca me ocorrera defender Stevenson nas páginas editoriais da *Et Cetera* quando o primeiro número saiu no auge da campanha presidencial, em outubro de 1952. A revista tinha objetivos "mais elevados", objetivos *literários*; além disso, naquela época não era costume publicações estudantis apoiarem candidatos a cargos públicos. Um ano depois a revista de fato publicou, numa página inteira, um "poema em prosa" que eu escrevera nas férias de verão, o monólogo de um covarde anônimo e prudente demais para se manifestar contra o macartismo. Como o poema não provocou a menor reação, é bem possível que um editorial da *Et Cetera* apoiando Stevenson não tivesse incomodado ninguém. Mas naqueles tempos, mesmo que eu tivesse pensado em escrever o editorial, eu teria deduzido que aquilo violaria as orientações do Conselho de Publicações da universidade

— com o qual, entretanto, logo depois entrei em choque. Eu usava um distintivo de Stevenson na Lewisburg republicana, e tempos depois, durante as audiências de McCarthy, descia da Colina para ir à casa dos Maurer na hora do almoço, onde, segundo as lembranças de Charlotte, eu ficava andando de um lado para o outro, enfurecido, enquanto ouvia com Bob a transmissão pelo rádio. No entanto, meu ativismo político não passou disso.

As cadências do editorial que publiquei em outubro de 1952 mostram, infelizmente, a influência do programa *The March of Time* sobre meu estilo polêmico; olhando para trás, o editorial parece um pouco o embrião de um escritor iniciante de discursos do presidente Kennedy concluindo com a frase: "Que nossa geração não espere tempo demais". Escrito como um apelo elegíaco a meus contemporâneos para que abandonassem seus "valores ginasianos", seus "cérebros focados apenas em futebol americano, roupas, namoradas e espinhas no rosto", tratava-se na verdade de uma versão sub-repticiamente condescendente e menos lamurienta de minhas alegorias sobre a sensação de não estar no lugar certo. No entanto, ainda que de forma ingênua, o editorial postulou um tipo de maturidade vigorosa e responsável que constituía um progresso, comparado à delicadeza efeminada que eu vinha utilizando em minha ficção.

O editorial da edição do meio do ano escolar foi dócil e informativo, contando a bela história, iniciada em 1870, da ascensão e queda das revistas literárias da Bucknell que haviam precedido a *Et Cetera*. Um último parágrafo lacônico citava Scott Fitzgerald. "O que disse Scott Fitzgerald? 'E assim continuamos a lutar, barcos contra a corrente, trazidos incessantemente de volta ao passado.'" O terceiro número, na primavera de 1953, quando eu acabara de fazer vinte anos, me tornou conhecido, ou tão conhecido quanto podia ser alguém que andava de tênis branco sujo e só tirava notas altas. O editorial então publicado me definiu (talvez sobretudo para mim mesmo) como o antagonista crítico da universidade, em vez de um rapaz que secretamente ainda possuía muitos de seus próprios "valores ginasianos" por querer ser popular e admirado. Como o *Bucknellian* era o exemplo, para mim e meus amigos da *Et Cetera*, dos eflúvios de baixo nível intelectual do campus que nos sufocavam, abandonei as posturas autoprotetoras com que mantivera sob controle minha sensação de isolamento e lancei um ataque muito sarcástico contra a banalidade do semanário e de sua editora, Barbara Roemer, uma jovem muito simpática e de quem todo mundo gostava. Natural de Springfield, em Nova Jersey, ela também era vice-presidente da irmandade de mulheres Tri Delta e capitã da equipe de animadoras de torcida. Um ano antes — enquanto ainda um Sammy não identificado socialmente com o círculo literário — eu tinha tentado namorar duas garotas bonitas e bem produzidas com nomes norte-americanos típicos e exóticos aos meus ouvidos, *as duas* integrantes da equipe de animadoras de torcida. Por isso o leitor pode se perguntar quanto da hostilidade dirigida contra Barbara Roemer terá sido inspirado por meu fracasso em impressionar tanto Annette Littlefield quanto Pat McColl.

"Existe uma teoria", começava a saraivada de tiros, "segundo a qual se mil macacos fossem acorrentados a mil máquinas de escrever por um período de tempo indefinido, eles teriam escrito todas as grandes obras literárias produzidas no mundo por seres humanos. Se é assim, o que estaria emperrando os trabalhos no *Bucknellian*? Não esperamos que a srta. Roemer e seus assistentes produzam grande literatura porque, afinal de contas, eles não são macacos, porém temos razões para desejar que publiquem um jornal." Nossas páginas centrais eram uma sátira do semanário, uma cópia da primeira página zombando da coluna editorial do *Bucknellian* e de suas matérias noticiosas que não continham nenhuma notícia, sendo obra de alguém pelo jeito mais sutilmente agressivo do que o editor chefe insultante e capaz de cometer erros gramaticais da *Et Cetera*. Sem refletir muito sobre o que fazia, eu havia extraído do meu gosto por imitações um disfarce retórico mais estilisticamente combativo do que a inclinação adolescente pelo desprezo moralista; transformando a indignação num desempenho teatral, consegui, na página copiada, revelar uma centelha de talento para a destruição cômica.

Por desferir esses golpes joviais numa instituição inócua da Bucknell, fui admoestado pelo diretor de alunos, Mal Musser, e censurado pelo Conselho de Publicações. Além disso, o editor-executivo do jornal, Red Macauley, bateu à porta de meu quarto no dormitório e, com os punhos cerrados, disse que alguém deveria me dar o que eu merecia pelo que havia feito com Bobby Roemer. Nossa discussão à porta foi acalorada, mas, como Macauley estava agindo sobretudo por cavalheirismo e na verdade não tinha mais propensão para chegar às vias de fato do que eu, ele nunca levou a cabo a agressão para a qual minha adrenalina havia me preparado. O diretor Musser me falou sobre o significado da palavra "tradição" e invocou o "espírito da Bucknell". Porém, como eu já o tinha ouvido dissertar sobre tais temas em numerosas ocasiões públicas, saí daquela repreensão me sentindo mais ou menos incólume. Meu comparecimento perante o Conselho de Publicações, composto de professores e alunos, deve ter sido muito mais desagradável porque, para ser sincero, não me recordo de nada do que aconteceu, e só recentemente fui relembrado disso por minha ex-professora Mildred Martin, cujas aulas de escrita eu frequentava naquele semestre. Dois anos depois, seu seminário, que reunia os melhores alunos do quarto ano, foi o ponto alto de minha educação universitária. Meses atrás, a meu pedido, Mildred — que agora tem oitenta e três anos — me mandou as anotações de seu diário sobre o seminário para os alunos do último ano, juntando algumas notas com o título de "Memórias". Uma delas diz o seguinte: "Depois que Roth foi chamado para ser repreendido por causa de um número da *Et Cetera* que satirizava o *Bucknellian*, ele foi me ver muito aflito. Eu lhe disse que nos Estados Unidos qualquer satírico seria objeto de crítica". Depois de ler isso, telefonei para Mildred em Lewisburg e lhe disse que, passados trinta e quatro anos e em meu escritório em Connecticut, eu não tinha a menor recordação da reprimenda do Conselho de Publicações ou de ter corrido depois para ser consolado por ela. "Ah, sim", ela me disse ao telefone, "quando você veio a minha casa você estava quase chorando."

Os decalques que eu havia colado na janela de trás do Chevrolet de meu pai nas minhas primeiras férias do segundo ano — um proclamando o nome de minha nova universidade, o outro as iniciais gregas de minha fraternidade — foram raspados com navalha um ano depois. Meu sardônico tio, o que lavava roupas a seco, passou a me chamar de "queridinho da universidade" ao ver os decalques, e aparentemente não notou quando eles foram retirados. Para ele, continuei sendo o "queridinho da universidade" até sair do Exército em 1956 e conseguir um emprego para ensinar redação literária para alunos do primeiro ano na Universidade de Chicago. A partir de então me tornei "o professor". Mas o professor já começara a emergir quando eu tinha vinte anos e cursava o quarto ano, em setembro de 1953. A essa altura eu havia vencido os movimentados semestres em que me defini como o inimigo ostensivo do que parecia agradavelmente aceitável para quase todo mundo, tendo me tornado um aluno aplicado no seminário. Este era um curso de dois semestres para a elite dos alunos, representando dezoito horas de créditos e administrado por Mildred Martin — "leitura independente da literatura inglesa desde seus primórdios até o presente". A lista de leitura era ambiciosa — pelo menos dois livros por semana mais cinquenta páginas de detalhes a serem assimilados da *História literária da Inglaterra*, de Baugh. Era necessário também apresentar um longo ensaio crítico toda semana, e todas as palavras pronunciadas nas aulas ou escritas eram analisadas sob o prisma da precisão e do bom senso pela srta. Martin, uma cidadã do Meio-Oeste pragmática e objetiva ao falar, com cabelo grisalho curto e óculos sem armação, cujo riso seco e ojeriza às lamúrias, juntamente com sua sólida formação cultural, compunham justamente o tipo de disciplinadora intelectual benevolente de que eu precisava. O seminário chegou a reunir oito estudantes, quatro homens e quatro mulheres, mas os debates tendiam a ser dominados, às vezes de modo audacioso, pelos editores da *Et Cetera*, Pete Tasch, Dick Minton e eu.

Naquele outono, o seminário era realizado todas as quintas-feiras à tarde, entre uma e meia e quatro e meia, na sala de visitas da casa da South Front Street, perto do rio, que Mildred dividia com seus colegas Harold e Gladys Cook. Era uma casa do século XVIII com as paredes externas revestidas de tábuas horizontais, venezianas pretas e uma pequena cerca viva na frente. O aposento onde nos reuníamos tinha uma lareira antiga e simpática e tapetes orientais muito surrados cobrindo o velho assoalho, além de estantes e mais estantes cheias de livros. Tal como o jovem Nathan Zuckerman, em *O escritor fantasma*, ao contemplar a sala de visitas de uma fazenda da Nova Inglaterra de propriedade do escritor E. I. Lonoff, eu ficava sentado lá naquelas tardes em que a luz caía rapidamente e — enquanto Pete, Dick e eu competíamos para suplantar um ao outro com "percepções" — dizia a mim mesmo: "É assim que vou viver". Numa casa exatamente igual eu viria a me reunir com meus alunos depois de receber meu ph.D., me tornar professor e dedicar a vida a ler livros e a escrever sobre eles. Uma posição permanente como professor de inglês se afigurava então mais realista do que uma carreira como romancista. Eu seria pobre e puro, um misto de sacerdote literário e membro da resistência intelectual no paraíso que Eisenhower criava para os porcos enriquecerem.

Reproduzo abaixo duas notas do diário de Mildred Martin e um trecho de suas memórias.

21/12/53. Com vinte e um anos, eu era uma criança se comparada a Roth e Minton. Estou satisfeita com esses dois rapazes, e Tilton também está indo bem. Susie Kriss não tem comparecido ao seminário nas últimas três semanas e a sra. Bender se afastou definitivamente. Depois de ouvir o trabalho de Roth sobre "A batalha de Finnsburg", a sra. Bender caiu no choro e disse que era incapaz de competir com ele. Fugiu para o canto da cozinha em que ficava a mesa de almoço e de onde podia ouvir o que estávamos falando na sala de visitas. Em certo momento, voltou e disse: "Sei a resposta a essa pergunta", respondeu corretamente e desapareceu.

23/04/54. Terminei o seminário mais cedo, e as moças foram logo embora, mas os quatro rapazes continuaram sentados e nos divertimos muito. Ficamos conversando até as quatro e meia, e então Roth falou sobre seu discurso na Φβκ. Um vendedor de livros chegou, os rapazes foram embora, Roth e Minton voltaram.

Memórias. Na Biblioteca de Literatura [onde o seminário foi realizado no segundo semestre] houve uma discussão acirrada sobre "o pássaro dourado" na última estrofe de Velejando para Bizâncio. Roth e Minton não concordaram sobre sua adequação. Puseram-se de pé, ameaçaram se engalfinhar. Tasch, encantado, os estimulava. Realmente tive de pedir que se sentassem. Uma experiência única.

A sala de aula se tornara meu palco, superando a revista como laboratório para a autoinvenção e o grupo de teatro dos alunos, Cap & Dagger, em que desempenhei papéis secundários nas ambiciosas produções de *Oedipus Rex*, *A escola do escândalo* e *A morte de um caixeiro-viajante*. Para isso, me vali mais de minha falta de vergonha que de qualquer outra coisa, pois no último ano da universidade tinha menos ilusões de ser um ator que de me transformar num Thomas Wolfe. Junto com a *Et Cetera*, a Cap & Dagger me servira como uma espécie de família, substituindo as conexões sociais mais amplas da fraternidade, da qual eu me desligara. Embora se tratasse de uma organização respeitável, assessorada por alguns dos professores mais queridos do campus, e embora os atores, em sua maioria, fossem alunos comuns e extrovertidos que buscavam apenas se divertir, ela também abrigava alguns estudantes ligeiramente excêntricos, igualmente desejosos de diversão, assim como vários tipos rebeldes e de temperamento artístico com os quais eu às vezes ia até a cidade tomar algumas cervejas ou em cuja companhia fazia as refeições no refeitório masculino.

Foi no Cap & Dagger que arranjei uma namorada firme, Paula Bates, conhecida como Polly, que comparecia à noite ao Bucknell Hall para assistir aos ensaios, servir como ponto do roteiro ou como uma espécie de assistente do diretor. Ela fora transferida para a universidade no terceiro ano, quando eu também o cursava. Ela e sua amiga Margo Hand, com quem dividia um quarto na French House, eram as moças mais sofisticadas — e Polly de longe a mais sardônica — que conheci no campus. Filha bem-educada de um oficial aposentado da Marinha, fumava um cigarro depois do outro e bebia martínis. Os martínis me impressionaram quando a conheci e me levaram a classificá-la como uma mulher cosmopolita. Ela era frágil e loura, não convencionalmente bonita por causa de uma expressão facial que sugeria preocupação, mas que significava, creio eu, o desajuste entre a criatura espirituosa, independente e pouco dada a frivolidades (que durante meses recebeu minhas declarações sentimentais e minha persistência sexual como um estorvo incompreensível) e a jovem delicada, bondosa e emotiva que o divórcio dos pais e a morte dolorosa do pai haviam tornado tremendamente suscetível a um relacionamento tão intenso quanto o nosso.

Ao suplício de superar o ceticismo sardônico de Polly, seguiram-se as dificuldades de encontrar um lugar onde pudéssemos ter relações sexuais. Servimos como baby-sitters para os Maurer e os Wheatcroft e usamos a cama deles. Fizemos uma barricada numa lavanderia do dormitório e nos deitamos no chão frio. Com a chegada das férias e a volta a Nova Jersey, onde ela ficava com a mãe em Scotch Plains, eu pegava o carro de meu pai e estacionávamos em ruas escuras e remotas. Num dos feriados de Páscoa, alguém nos emprestou um apartamento em Nova York por uma tarde, e nos deleitamos não apenas com o refúgio na cidade grande e a sensação de estarmos livres de tudo, mas também com a possibilidade de ficarmos nus num aposento inundado pela luz do sol. No verão de 1953 nos empregamos como conselheiros num campo para judeus nas montanhas Poconos, onde eu trabalhara no ano anterior, e lá, à noite, íamos para o mato. Com a necessidade de vencer seguidamente tais obstáculos, nossa vida erótica, além da pura excitação causada pela novidade, tinha ainda o gosto picante do adultério. Mais que amantes, graças ao drama do sigilo nos tornamos companheiros muito próximos e amigos devotados.

No meu último ano, aluguei um quarto na casa de uma viúva idosa, a sra. Nellenback, de cabelo branco e olhar bondoso, cristã das mais devotas e, se bem me lembro, integrante da organização Filhas da Revolução Americana. A residência simples, com fachada de tábuas brancas, ficava numa esquina próxima ao quadrilátero das alunas; o assoalho era coberto de tapetes velhos e havia paninhos nas costas e nos braços de poltronas e sofás. A casa era escura e silenciosa, com um cheiro em nada desagradável de coisa guardada e segura. O quarto que me foi oferecido era precisamente o que eu desejava, com potencial para ser tanto um ninho de amor, onde Polly e eu poderíamos sub-repticiamente ocupar a estreita cama de solteiro, quanto a cela inexpugnável de um estudioso. No dia em que aluguei o quarto, fui devidamente informado de que a presença de mulheres na casa só era permitida aos domingos, quando eu poderia levar minha noiva para tomar chá, desde que a porta do vestíbulo ficasse aberta. O aposento, que no passado fora uma sala de estar, ficava junto à porta de entrada no térreo, tinha janelas nos dois lados com vista para a varanda e alguns degraus que levavam à rua tranquila. Como a sra. Nellenback dormia nos fundos da casa, assim como a empregada — uma mulher algo retardada que claudicava com o espanador na mão, sempre sorrindo e cantando músicas infantis —, e os outros dois inquilinos (um dos quais Pete Tasch) ocupavam quartos no segundo andar, achei que teríamos oportunidades de sobra para Polly entrar e sair sem ser vista. Depois de me mostrar a casa, a sra. Nellenback perguntou se eu era armênio; eu disse que não. Dias depois de eu me mudar, voltei uma noite da biblioteca, onde estava estudando, e encontrei em cima da minha escrivaninha uma maçã e um biscoito. Quando maçãs e biscoitos continuaram aparecendo, concluí que eu tinha um problema. Como dizer a ela que não entrasse em meu quarto sem fazê-la suspeitar de mim, além de parecer ingrato pelos lanchinhos? Por outro lado, agora que tínhamos começado, como não deixar mais Polly entrar pela janela da varanda depois de todas as luzes se apagarem no térreo?

Vários meses depois de eu estar instalado na casa, a sra. Nellenback me puxou de lado um dia e disse: "Um rapaz judeu muito simpático morou aqui em 1939". Sem saber o que responder, eu disse algo do tipo: "Já faz um tempão". "Arthur Schwartz", ela disse, ou um nome assim, "ele era mesmo muito simpático." Dentro do quarto, com a porta fechada, pensei: *Ela sabe*, o que significava não só que ela sabia que eu era judeu, mas que, ao contrário dos leitores de minha ficção na *Et Cetera*, sabia também que eu não era de todo inofensivo.

Fomos apanhados algumas semanas depois do início do segundo semestre. Um domingo à noite, pensei que a sra. Nellenback tivesse viajado os dezesseis quilômetros para Mifflinburg, como fazia com frequência, para visitar sua família, mas aparentemente ela só tinha ido ver alguém na cidade e voltou pouco mais de uma hora depois, levada de carro pelo filho. Minhas cortinas estavam fechadas, o quarto às escuras (trancado por dentro), Polly e eu deitados na cama. Depois que o carro parou, para nossa surpresa, diante da casa e a sra. Nellenback passou pelo vestíbulo rente à minha porta, nós nos levantamos e, em silêncio, nos vestimos às apalpadelas para não acender a luz. O casal de alunos mais sofisticado da Bucknell tentou, então, fazer o possível para tapear uma viúva idosa que nunca na vida tinha saído do condado de Union. Fiz sinal para Polly se esconder embaixo da cama até que eu indicasse que a área estava limpa. Em seguida peguei um casaco, um livro e, destrancando a porta, saí do quarto escuro para o vestíbulo. Meu plano era me assegurar de que não havia ninguém por ali, sair pela porta da frente e depois, na varanda, abrir silenciosamente a janela para Polly escapulir. Entretanto, ao chegar ao vestíbulo, dei de cara com a sra. Nellenback ainda de casaco e chapéu. Tive um sobressalto enquanto ela me encarava com ar severo. "Boa noite", eu disse alegremente, fechando a porta às minhas costas. Não podia trancá-la sem entregar a coisa toda, mas, como ela não dava nenhuma indicação de que se moveria dali, continuei a caminhar para a porta da frente e tomei a direção do campus, com o livro na mão, como se esta fosse a minha intenção desde o começo.

Alguns minutos depois, já meio louco por caminhar ao léu, vi Polly correndo rua acima em direção à French House. Estava aos prantos e mal conseguia falar. A sra. Nellenback tinha esperado eu me afastar e, abrindo a porta destrancada do meu quarto, acendeu a luz e foi direto para a cama. "Saia daí, sua vagabunda", ela disse, enfiando o pé embaixo da cama. Polly, cobrindo o rosto com as mãos, rolou para fora do esconderijo e fugiu do quarto. A sra. Nellenback a seguiu até a varanda, ameaçando que iria me expulsar da universidade.

O ano era 1954 e o local, o interior da Pensilvânia. Ela bem poderia fazer aquilo. Levei Polly até a French House, voltei correndo para meu quarto e encontrei a sra. Nellenback discando um número ao telefone. Eu tinha certeza de que ela estava tentando falar com o diretor de alunos, que não gostava muito de mim desde que eu havia atacado o *Bucknellian*. Quando pedi que ela conversasse comigo, a sra. Nellenback pousou o fone no aparelho e disse: "Posso expulsar você da universidade por causa disso". Respondi em voz alta: "A senhora não tinha o direito de assustar a moça daquele jeito!". Eu estava blefando, mas não sabia o que mais fazer senão intimidá-la. Enquanto isso, via minha vida arruinada. E a de Polly também. Embora eu tencionasse negar que era Polly quem estivera em meu quarto, não tinha dúvida de que as autoridades da universidade a levariam para ser identificada pela sra. Nellenback. Quando tudo terminasse, eu teria arruinado não apenas meu futuro, mas também o da queridinha do departamento de francês, que planejava, como eu, iniciar o doutorado em setembro.

Só em meados da década de 1960 consegui explorar esse episódio doloroso e ridículo numa cena de meu romance *When She Was Good*. Roy Bassart e Lucy Nelson são jovens extremamente provincianos de uma pequena cidade do interior, não tendo praticamente nada em comum nem comigo nem com Polly. Pelo contrário, a filha do homem bêbado e ressentido do Meio-Oeste possui mais gana raivosa com que lutar contra seu senso de vergonha do que a moça sofisticada e chegada a martínis de Scotch Plains, em Nova Jersey. Quanto ao apático, despreocupado e sonhador Roy, ele não tinha futuro nenhum que temesse arruinar. O que aconteceu conosco, contudo, teve um significado muito diferente: a nossa história era a de dois jovens inteligentes e cheios de esperança, cujo sucesso universitário lhes permitira crer no futuro, mas cuja infração das regras que regulavam suas vidas sexuais os deixava tão indefesos quanto um Roy e uma Lucy perante as improváveis autoridades que os julgariam.

Dormi algumas noites na casa dos Maurer, esperando ser convocado pelo diretor de alunos e depois mandado de volta para Newark sem um diploma universitário (e justamente pelas razões que meu pai temia). Quando nada aconteceu, aceitei o conselho de Bob Maurer e voltei tranquilamente para meu quarto, retomando a rotina na casa da sra. Nellenback. O incidente não foi mencionado por nenhum dos dois e não convidei Polly a me visitar de novo, nem mesmo para tomar chá disfarçada de noiva. Mais tarde, não consegui entender por que a sra. Nellenback não levou adiante sua ameaça — se foi por não querer abrir mão do aluguel, sabendo que, com o segundo semestre já iniciado, seria quase impossível me substituir, se teria sido um gesto de comiseração de uma boa senhora que ia regularmente à igreja ou se eu devia minha sorte a Arthur Schwartz, o aluno da Bucknell de 1939.

Por quase seis semanas no começo daquela primavera, achamos que Polly estava grávida. Se estivesse, não víamos alternativa senão abandonar nossos planos de obter um doutorado, nos casarmos e permanecermos na Bucknell como professores-assistentes, recebendo um pequeno salário. Estávamos apaixonados, éramos muito queridos pelos professores, a vida em Lewisburg era simples e barata, e poderíamos até obter um M.A. lá mesmo, embora um segundo diploma da Bucknell não fosse o que desejávamos. Eu estava tentando ir para Oxford ou Cambridge com uma bolsa da

Fulbright ou da Marshall; se não conseguisse nenhuma das duas — o que me parecia improvável, porque eu estava entre os primeiros alunos da turma —, eu também havia solicitado bolsas a três universidades norte-americanas. Uma delas era a Universidade da Pensilvânia, onde Polly planejava obter seu ph.D. Agora estávamos atordoados em pensar que teríamos que permanecer indefinidamente na Bucknell, convivendo com os professores veteranos, com suas mulheres e filhos — assim como nosso filho —, tão atordoados quanto tínhamos ficado meses antes, quando temi ser expulso por depravação moral.

Encontrávamo-nos sistematicamente no refeitório masculino, onde várias alunas que não pertenciam a nenhuma irmandade também faziam suas refeições. Polly em geral chegava antes e me esperava junto à porta, e toda noite, ao nos vermos, ela sacudia a cabeça, indicando que mais um dia se passara sem sua menstruação ter vindo. Enquanto comíamos nosso bife com molho e batatas, nos encorajávamos mutuamente sobre o novo e inesperado futuro como casados, com uma criança pequena e sem dinheiro. Lembrei que, como pai, eu não seria convocado e que depois de terminar os estudos perderia dois anos de minha vida como soldado raso na infantaria. (Apesar de ter uma boa relação com o coronel encarregado do Departamento de Tática e Ciência Militares, que me incentivara a servir como oficial no corpo de transporte do Exército depois da Guerra da Coreia, eu abandonara o programa por me opor ao treinamento militar no campus.) Tentamos encontrar algum consolo pensando no pequeno e animado círculo social dos professores com quem gostávamos de conviver; certamente tínhamos bons amigos nos casais Maurer e Wheatcroft, que não eram de fato muito mais velhos que nós e tinham filhos pequenos. Por mais triste que fosse nossa situação, e apesar da sensação de termos caído numa armadilha, aquele parecia um teste de maturidade diante do qual não podíamos simplesmente nos curvar; nenhum dos dois jamais sugeriu que existia outra saída, pelo menos não no começo do problema.

Polly ter descoberto que não estava grávida foi o segundo perdão que recebi naquele semestre, nos trazendo um alívio imenso. Para mim, foi também o começo do fim de nosso relacionamento. Tendo escapado por um triz de uma prematura vida doméstica e de suas inevitáveis responsabilidades, me entreguei aos sonhos de aventuras eróticas que só poderia transformar em realidade sozinho. Com dezoito anos eu tinha conseguido me distanciar das restrições de meu pai, com dezenove da afiliação sem sentido à fraternidade judaica, com vinte da comunidade estudantil e de sua agradável e acolhedora banalidade. Começara até mesmo a deixar para lá minhas polêmicas moralizadoras. Agora, com vinte e um anos, queria me livrar da exclusividade de um amor monógamo. A melhor saída seria uma bolsa para estudar literatura na Inglaterra, que, concordávamos, não poderia ser recusada; no entanto, embora a Fulbright tivesse concedido duas bolsas a alunos do quarto ano da Bucknell, não consegui nenhuma que me levasse ao exterior. Mas chegou o oferecimento de uma bolsa integral da Universidade da Pensilvânia, onde Polly também estudaria. Havia ainda uma oferta da escola de estudos superiores da Universidade de Chicago. Para estupefação de Polly — e até mesmo minha —, endureci o coração e aceitei Chicago.

No verão seguinte à formatura, nos encontramos para almoçar em Nova York e terminamos brigando na Penn Station, onde por fim lhe contei a verdade — e com a mesma delicadeza com que havia atacado o *Bucknellian*: eu estava apaixonado por outra garota, que tinha conhecido num acampamento de férias em Newark, onde vinha trabalhando antes de ir para Chicago. Só voltei a ver Polly uma vez, dois anos depois, quando por coincidência visitamos o casal Maurer, no Maine, ao mesmo tempo. Ela estava acompanhada de Jeffrey Lindquist, seu futuro marido, um professor de geologia de Universidade da Pensilvânia bonito e bem-educado. Ela se casou com Jeffrey um ano depois e, mais tarde, Paula Lindquist se tornou professora de francês na Universidade de Nova York. Tinha quarenta e sete anos quando morreu de câncer em 1979, poucos meses depois de eu ter voltado à Bucknell para receber um diploma honorário. Durante os dois dias que passei em Lewisburg, fiquei na casa da professora emérita Mildred Martin, que me acompanhou ao palco vestida com sua toga acadêmica. Caminhei até a residência da sra. Nellenback para ver aquelas janelas entre a varanda e meu antigo quarto. Desnecessário dizer que achei que elas eram em número menor e mais estreitas do que eu me lembrava. De qualquer modo, nunca teria sido fácil entrar e sair por elas.

A garota dos meus sonhos

Eu tinha reparado nela bem antes da noite em que me apresentei a ela na rua, em Chicago, e a persuadi a tomar um café comigo na Steinway's, um ponto de encontro dos estudantes da universidade a alguns quarteirões de sua casa. Por timidez ou falta de savoir-faire, eu nunca havia tentado me aproximar de alguém de modo tão ousado, o que indica não apenas que o destino deu uma ajuda para que eu fizesse isso, mas que, por razões culturais e psicológicas, eu estava decidido a conquistar aquela mulher que parecia ser a encarnação de um protótipo.

Em outubro de 1956, eu ainda não tinha vinte e quatro anos, deixara o Exército e meu segundo conto, publicado numa pequena revista literária, havia sido selecionado por Martha Foley entre os melhores do ano. Professor (e candidato a um ph.D.) na Universidade de Chicago, eu vestia um terno castanho-amarelado com padrão de quadradinhos de dois tamanhos, comprado na Brooks Brothers, com o dinheiro que recebi ao ser dispensado do Exército, para usar em minhas aulas de redação literária. Além disso, tendo acabado de sair de um coquetel no Quadrangle Club oferecido aos novos membros do corpo docente, algumas boas doses de burbom alimentavam minhas chamas. Cheio de confiança e me sentindo absolutamente livre ("... eles estavam bêbados, jovens de vinte anos... e sabiam que não podiam morrer jamais." T. Wolfe), abordei-a na porta da livraria da Woodworth dizendo algo do gênero: "Mas você precisa tomar um café comigo — sei tudo sobre você". "Sabe mesmo? Sabe o quê?" "Você era garçonete no Gordon's." O Gordon's era outro ponto de encontro dos alunos, ao lado da Woodworth. "Ah, é?", ela retrucou. "Você tem dois filhos pequenos." "Tenho, é?" "Você nasceu em Michigan." "E como você sabe de tudo isso?" "Eu perguntei. Um dia vi você com seus filhos no Gordon's. Um menino e uma menina. Mais ou menos de oito e seis anos." "E por que você se deu ao trabalho de se lembrar disso tudo?" "Você me pareceu muito jovem para ter dois filhos. Perguntei a alguém e soube que você era divorciada. Disseram que estudou aqui." "Não foi por tempo o bastante para importar." "Disseram seu nome. Josie. Vim estudar aqui em 1954. Eu costumava almoçar no Gordon's. Você atendia a mim e a meus amigos." "Sinto muito, mas não tenho uma memória tão boa", ela disse. "Eu tenho", repliquei, e — teimosamente espirituoso, teimosamente articulado, teimosamente convicto de ser invencível — por fim consegui que ela cedesse — seria difícil ou impossível fazê-la aceitar em outra ocasião. Descemos a rua até o final do quarteirão e Josie se sentou a meu lado junto à janela da Steinway's. Lá, o jovem professor e escritor recém-publicado exibiu toda a sua plumagem, enquanto ela, perplexa, risonha e lisonjeada, disse — numa alusão irônica a seu poder de me inflamar — que não entendia a razão de meu ardor.

Mas, então, quase tudo me inflamava, e naquela noite meu ardor era ainda maior por causa dos burbons sem gelo ingeridos no coquetel em que eu era o mais jovem de todos os professores e, possivelmente, o mais feliz. Se ela não conseguia entender por que se tornara alvo de meu ardor, era porque aquilo que aos vinte e três anos eu sentia como o poder de um protótipo fascinante parecia a ela, aos vinte e sete, a soma de todos os seus impedimentos. O exotismo não consistia apenas em ela ser prototipicamente loira de olhos azuis, embora fosse de fato bem loira e tivesse olhos azuis, uma mulher cujo rosto anguloso e simétrico, mesmo desgastado por combates furiosos, ainda transmitia um quê de menina levada sob o gorro de lã de esquiar; não era sua aparência gói prototípica, embora ela parecesse gói de um jeito *volkisch* que em nada lembrava a postura confiante da cerebral Polly, com seus sofisticados martínis e refinamento sardônico; também não era sua americanidade, embora seu jeito de falar, de se vestir e de se comportar fosse idêntico ao das mocinhas firmes e enérgicas das comédias de Hollywood passadas no interior dos Estados Unidos, uma amiga de Andy Hardy e colega de classe de June Allyson a caminho do baile de formatura no calhambeque de Carleton Carpenter. Embora isto não a fizesse menos norte-americana, ela era de fato a filha enraivecida de um bêbado de uma pequena cidade do interior, uma jovem perseguida por dolorosas recordações sexuais e por um inextinguível ressentimento com a injustiça de suas origens. Prejudicada a cada passo por seus erros anteriores e movida por uma assustadora necessidade de cometer atos desesperados de desonestidade, ela se prestava muito mais a figurar nos filmes de Ingmar Bergman do que nas fantasias ensolaradas da MGM.

Assim, o exótico não era ela ser a corporificação prototípica da mulher gói norte-americana de origem ariana — centenas de jovens igualmente prototípicas não haviam provocado grande interesse em mim na Bucknell. Como já havia pressentido no Gordon's, quando Josie ainda era uma garçonete recém-divorciada com dois filhos pequenos e eu um estudante da Universidade de Chicago, o extraordinário é que ela era uma *vítima* das circunstâncias, a refugiada pobre de um meio sociobiológico ao qual o meu próprio, graças à mitologia racial que prevalecia no velho e no novo mundo, devia ser subserviente, se não inferior. Se o pai *dela* trabalhasse na Metropolitan Life, ele poderia aspirar a ser superintendente das agências ou mesmo sonhar em substituir o presidente da companhia, enquanto o meu julgara necessário arriscar nosso futuro numa aventura comercial — tendo tido o azar de quase arruiná-lo — porque a maior instituição financeira do mundo, cuja probidade brilhava tão firme quanto o farol no alto de sua sede, considerava aqueles que compartilhavam da religião de meu pai dignos de ocuparem apenas os níveis mais baixos da força de trabalho corporativa. Entretanto, o fato é que o pai dela, um homem bonito e ex-atleta no ginásio, chamado Smoky Jensen, nunca tivera sucesso em nenhum emprego nem conseguira parar de beber, acabando preso por furto num presídio da Flórida, enquanto meu pai, cuja falta de educação formal acentuava a desvantagem de ser judeu, tinha, por força de sua energia servil e ambição indestrutível, alcançado um nível gerencial na hierarquia da Metropolitan Life que, embora insignificante no organograma da empresa, representava um verdadeiro triunfo sobre os preconceitos institucionais. Era em grande parte o desempenho de Smoky Jensen como pai, trabalhador, marido e cidadão que havia deixado Josie sem o suporte do orgulho familiar e sem um vínculo afetivo com o lugar onde fora criada. Ela estava à deriva, não apenas amargamente alienada de sua formação em Michigan, mas amputada, de forma cruel e ambígua, de sua provação imediata como esposa e mãe. Como suas dívidas e um semestre e meio de universidade não a qualificavam para obter um emprego bem remunerado, desde o fim do casamento ela se preocupara com o que seria de sua vida sozinha. O ódio do passado e o medo do futuro estavam profundamente enraizados naquela corporificação do espírito nórdico nos Estados Unidos.

Apesar de nossas contrastantes heranças familiares não coadunarem com a antiga mitologia racial, elas correspondiam às simplificações sobre os atributos pessoais dos judeus e os vícios corruptores dos góis que haviam se infiltrado em meu senso da subdivisão humana com base nas crenças dos meus avós que falavam iídiche. Marcados pela experiência própria e de seus antepassados acerca da violência, do alcoolismo e da barbárie moral de camponeses russos e poloneses, esses imigrantes simplórios não teriam imaginado ser tão culturalmente esclarecedor, como foi para o neto norte-americano altamente educado deles, que um sólido espécime feminino da mais pura cepa gói pudesse ser tão duramente avariado por um pai irresponsável, envolvido não apenas no alcoolismo e em pequenos crimes, mas também, como mais tarde ela declarou, numa tentativa não concretizada de sedução na infância. Para eles, não seria surpresa nenhuma. Nem se sentiriam antropologicamente interessados em saber que o filho e a filha da mulher divorciada já estavam enfrentando uma infância tão difícil quanto a dela. A crença deles na selvageria dos góis apenas se confirmaria quando ouvissem dizer que o marido gói (que, segundo o testemunho bem duvidoso de Josie, a havia "obrigado" a ter o segundo filho, assim como engravidara imprudentemente a jovem que iniciava seus estudos universitários) tinha "roubado" as duas crianças góis de sua mãe gói e as mandara para serem criadas por outras pessoas a mais de mil e quinhentos quilômetros dos braços dela, em Phoenix, no Arizona. Apesar de se declarar brutalmente vitimizada por outro impiedoso *shagitz*, meus avós poderiam até ter conjecturado que a mulher, ao se perceber emocionalmente incapaz de ser uma mãe adequada, teria ela própria deixado as duas crianças irem embora. Ela lhes teria parecido nada mais, nada menos que a legendária feiticeira *shiksa*, cuja herança bestial a condenara a se tornar a destruidora de todas as boas virtudes humanas apreciadas pelo judeu indefeso.

Louca por dentro e mansamente loira por fora, Josie não teria sido vista por meus avós como a encarnação de um protótipo norte-americano, mas como o pior pesadelo deles. E, *exatamente* por causa disso, seu neto norte-americano se recusava a ser intimidado e, como um novato perseguido pelos horrores de um mundo já extinto, reagir de forma atávica, fugindo para salvar a pele. Pelo contrário, eu me sentia excitado pela oportunidade de diferenciar em primeira mão as realidades do país e a lenda da *shtetl*,* para superar a repugnância instintiva de meu clã e me provar superior a superstições folclóricas de que espíritos iluminados e democráticos como eu não mais necessitavam de dignidade num país tão heterogêneo quanto os Estados Unidos. E também a fim de me provar superior aos temores judaicos, domando a mais assustadora mulher que um homem com minha formação poderia ter a infelicidade de se defrontar no campo de batalha erótico. O que poderia significar uma ameaça para a mentalidade do gueto, representava para mim — com meu M.A. em inglês e meu novo terno com colete — a perspectiva de uma estimulantemente aventura amorosa norte-americana. Afinal, não havia lugar nenhum mais distante dos medos da Galícia judaica que as vizinhanças intelectualmente experimentais e academicamente seguras do Hyde Park de Chicago.

Durante o dia, Josie trabalhava como secretária no departamento de ciências sociais, um emprego de que gostava e que a pusera em contato com visitantes ilustres como Max Horkheimer, o sociólogo de Frankfurt, que apreciava a companhia dela e às vezes a levava para almoçar ou ao clube dos professores para um drinque, e com uma mulher de sucesso como Ruth Denney, a assistente do diretor do departamento, que só era uns dez anos

---

* Pequena aldeia de judeus na Europa Oriental, comum antes da Segunda Guerra Mundial. (N. T.)

mais velha que Josie e cujos êxitos profissionais ela admirava muito, mesmo se dando conta, com certa amargura, de que não tinha a menor esperança de seguir igual trajetória. O emprego a havia ajudado enormemente a se adaptar à nova vida depois de um período frenético em que esteve à beira de um colapso nervoso ao perder os filhos. Nos tornamos amantes justamente quando ela começara a entrar na fase mais esperançosa de sua vida depois da experiência universitária abortada dez anos antes, quando acreditava ter escapado de Port Safehold, em Michigan, e de tudo que ali ameaçava destruí-la.

Ao voltar para Chicago, morei primeiro numa residência dos alunos de religião e, mais tarde, numa quitinete a alguns quarteirões da universidade. Das oito e meia às onze e meia da manhã, eu dava aulas de redação todos os dias da semana e, em algumas tardes, assistia às aulas dos cursos necessários para a obtenção do meu ph.D. no departamento de inglês. Nas outras tardes, me espremia à mesa da cozinha, onde a luz do dia era mais forte do que em qualquer outro lugar do diminuto apartamento e escrevia contos na minha Olivetti portátil. À noite, eu caminhava até o velho prédio perto da estrada de ferro onde ficava o apartamento mais espaçoso de Josie, no qual um longo corredor ligava a porta da frente à de serviço. Eu levava uma pilha de redações dos alunos do primeiro ano, que ia corrigindo e dando notas na sala de estar depois de termos jantado e enquanto ela removia as várias camadas de tinta do consolo da lareira com o objetivo de chegar à madeira de pinho. Eu achava notável que, depois de trabalhar o dia todo no escritório, ela instalasse um linóleo novo na cozinha e raspasse o papel de parede do banheiro, admirando o modo empreendedor como ela reduzia os custos do apartamento — o qual precisava ser grande, ela dizia, para que as crianças pudessem visitá-la nas férias escolares no Arizona — ao alugar um quarto dos fundos para um despreocupado e precoce hippie que havia sido expulso da Universidade de Chicago e que infelizmente nem sempre tinha dinheiro para pagar o aluguel. Para mim, o apartamento e os cuidados que Josie lhe dedicava eram representativos do estilo de vida sem ostentação que eu tanto apreciava na área de Hyde Park, onde um espírito boêmio espontâneo e ligeiramente desordeiro misturava-se ao gosto burguês normal por uma casa bem decorada em que se podia, com conforto, ouvir música, ler um livro ou beber um vinho barato na companhia de amigos. Naquela época, ninguém de nosso círculo de conhecidos queria possuir um aparelho de televisão, enquanto quase todo mundo tocava flauta doce.

As noites no apartamento de Josie foram um sinal para mim de que a ambição que me havia levado de Newark para a Bucknell aos dezoito anos se concretizara triunfalmente aos vinte e três (embora eu ainda fosse um estudante e, exceto pelo meu ano de Exército, vinha sendo um desde os cinco anos): eu era, enfim, um homem. Talvez por isso desisti do ph.D. depois de meio semestre, pois de repente se tornou insuportável ficar numa sala de aula respondendo a perguntas e, ao voltar para casa, ter que estudar para mais exames. Isso se deveu não só ao fato de eu ter decidido (sobretudo por causa de meu conto selecionado por Martha Foley) correr os riscos de me tornar um escritor de ficção, mas também por haver conquistado a maioridade, que eu sempre soube ser o objetivo de minha educação. Aos vinte e três anos, eu era independente de meus pais, embora ainda telefonasse para eles algumas vezes por mês, escrevesse cartas de vez em quando e viajasse para o Leste na Páscoa e no Natal a fim de vê-los. Eu tinha conquistado uma posição enfadonha mas desejável como professor numa universidade prestigiosa e num bairro onde, além de numerosos sebos, havia muitos intelectuais; e, acima de tudo, estava vivendo meu primeiro caso de amor semidoméstico em que — embora a presença espectral deles fosse gigantesca — os pais de nenhum dos dois estavam por perto, um caso de amor com uma mulher ainda mais profundamente sozinha no mundo do que eu. O fato de ela ser quatro anos mais velha era apenas uma prova adicional de minha maturidade: nossas formações aparentemente incompatíveis confirmavam minha liberdade das pressões convencionais e minha total emancipação das barreiras que limitavam minha vida pré-adulta. Eu não apenas era um homem; eu era um homem livre.

Pensei então que não poderia encontrar arena intelectual mais estimulante para exercitar ao máximo minha liberdade do que na Universidade de Chicago. Terminado o serviço militar em agosto, fui para Nova York em busca de emprego. Charlotte Maurer me ajudou a fazer uma entrevista na *New Yorker* e, graças à influência do romancista Charles Jackson, que trabalhava na agência de propaganda J. Walter Thompson, onde meu irmão era diretor de arte, consegui um encontro com Roger Straus, que publicava as obras de Jackson e que vinte anos mais tarde publicaria as minhas. Poucos dias depois das entrevistas, fiquei em êxtase quando me ofereceram dois empregos: preparador de textos na Farrar, Straus and Cudahy e revisor na *New Yorker*. Entretanto, antes que eu pudesse me decidir por um ou outro, recebi um telegrama inesperado de Napier Wilt, um ex-professor meu e diretor de ciências humanas em Chicago; no último instante se abrira uma vaga de professor de redação literária para alunos do primeiro ano, e Wilt perguntava se eu estava interessado em entrar para o corpo docente da Universidade de Chicago em setembro.

Eu não só considerava o cargo de professor universitário muito interessante, como também era claro que, dos três empregos, esse era o que me daria mais oportunidade de escrever: mesmo com três turmas de redação, cada qual com cinco horas semanais de aula, eu ainda teria para mim metade do dia, além de gozar dos recessos trimestrais, feriados e das férias de verão. Todo aquele tempo livre era particularmente atraente depois dos claustrofóbicos meses que eu havia passado no Exército. Encerrado o treinamento básico no Fort Dix, fui transferido para Washington como soldado raso, a fim de redigir panfletos a serem distribuídos pelo oficial que prestava informações ao público no Hospital do Exército Walter Reed. (Devido a um ferimento sofrido no treinamento, acabei como paciente desse hospital e, depois de dois meses de cama, recebi a dispensa por motivo médico.) Trabalhar no escritório de informações públicas por mais de seis meses me proporcionou a primeira experiência de como pode ser tedioso um emprego de nove às cinco; o trabalho nada tinha de exigente, mas houve dias em que, enclausurado por oito horas e batendo à máquina como um robô, quase enlouqueci. Em consequência, quando escapei das amarras do Exército, aproveitei a chance de passar de ex-aluno a professor universitário e voltar a Chicago para, mais uma vez, discutir sobre livros e teorizar sobre literatura até não mais poder; além disso, lá eu me sustentaria com um salário irrisório (era o que me pagariam) sem me sentir um pobretão, o que era possível naqueles dias no contexto da vida em torno de uma universidade. Em 1956 e com vinte e três anos, eu considerava a Universidade de Chicago o melhor lugar dos Estados Unidos para gozar o máximo da minha liberdade, para estar em um ambiente de vivacidade intelectual e para me manter, se não necessariamente numa oposição aguerrida, pelo menos distante o suficiente da adoração que a sociedade cada dia mais próspera demonstrava pelos bens de consumo e pela televisão.

Desde o verão em que me formei na Bucknell, eu levava na minha carteira a fotografia de uma universitária do norte de Nova Jersey, uma garota judia cuja história de família e perspectivas de vida não podiam ser mais diferentes das de Josie. Ela era inteligente, espirituosa e vivaz, bem bonita e dona de uma autoconfiança que quase sempre é o patrimônio de uma garota adorada desde o nascimento por um pai viril, leal e exitoso. Harry Milman, o pai de Gayle, não fazia o menor esforço para esconder o imenso orgulho que sentia de seus quatro filhos, aos quais devotava uma afeição e uma generosidade extremas. Ele era um homem de negócios durão e operoso e, tal como meu pai, descendente de imigrantes judeus que haviam se estabelecido em Newark. Durante os anos em que Gayle ainda era a filha adorada que dependia dele, Harry esteve presente na vida dela como uma impressionante figura protetora. Os laços com a mãe, mulher vistosa de cinquenta e poucos anos, haviam começado a incomodar a moça intrépida de dezoito, dezenove, porém o relacionamento das duas, embora tenso às vezes, nunca correu o risco de descambar para uma situação incontrolavelmente dolorosa. As características fundamentais da família eram solidariedade e confiança. Caso Josie tivesse abandonado sua hostilidade ressentida e se permitido espremer o nariz contra a janela panorâmica da imensa casa dos Milman num bairro afastado, teria ficado lá chorando de inveja e desejando do fundo do coração ser transformada em Gayle. Ela procurou magicamente alguma coisa que se aproximasse de uma metamorfose implausível como essa ao decidir se casar comigo contra todos os impeditivos razoáveis e, ainda por cima, se converter ao judaísmo.

"Ah", exclama Peter Tarnopol em *Minha vida de homem*, sentindo saudades da quartanista da Universidade Sarah Lawrence, que ele havia deixado para ficar com sua irada nêmesis, "por que troquei Dina Dornbusch por Maureen!" Por que *eu* troquei Gayle por Josephine Jensen? Por uns dois anos, enquanto estava na universidade e servia no Exército, Gayle e eu vivemos uma paixão obsessiva, porém, ao voltar para Chicago em setembro de 1956, achei que meu voo livre não poderia continuar sendo impedido por um relacionamento que, a meu ver, acabaria levando, inevitavelmente, para um casamento que iria me emparedar no restrito círculo judaico de Nova Jersey. Eu queria um teste mais duro, experimentar a vida em condições mais difíceis.

O irônico é que Gayle também estava vivendo uma aventura enigmática e, ao se diplomar na universidade, impelida pelo entusiasmo e pela autoconfiança que tinham germinado na estufa de seu pai, levou, ao longo de uma década, uma vida de solteira numa Europa cujas delícias tinham pouco a ver com os prazeres de sua educação convencional. Segundo as histórias que chegavam até mim através de amigos comuns, parece que a filha de Harry Milman tornou-se a mulher mais desejada de *todas* as nacionalidades entre o Muro de Berlim e o Canal da Mancha. Enquanto isso, o viajante que se recusara a restringir sua preciosa independência pela até mais leve sombra de conexão com o mundo provinciano que havia deixado para trás tinha aprisionado a si mesmo em uma existência sem alegria, repleta das responsabilidades mais absurdas e humanamente sem sentido.

Eu tinha entendido tudo errado. Josie, com sua história caótica, me pareceu uma mulher de coragem e força por ter sobrevivido a sua formação pavorosa. Por outro lado, Gayle, por causa de toda aquela segurança transmitida por sua família e pelo amor paterno, me parecia alguém que, devido à criação confortável, permaneceria uma menininha para sempre. Gayle seria dependente por causa de sua formação protegida e Josie seria independente por causa de sua formação acidentada! Eu poderia ter sido mais ingênuo? Não neurótico, mas ingênuo, porque esta é uma verdade sobre nós: somos muito ingênuos, mesmo os mais brilhantes, e não necessariamente só quando jovens.

Nos primeiros meses depois que voltei para Chicago, me tornei muito amigo, na universidade, dos romancistas Richard Stern e Thomas Rogers, além do crítico e editor Ted Solotaroff. Os três eram quatro ou cinco anos mais velhos que eu e já casados — Dick e Ted tinham dois filhos pequenos cada um —, porém ainda não havíamos chegado aos trinta anos e queríamos ser escritores. Dick e Tom eram novos membros do corpo docente da Universidade de Chicago, enquanto Ted dava aulas, à noite, na sucursal da Universidade de Indiana em Gary e, como eu, estudava para obter seu ph.D. Josie e eu visitávamos os casais Stern, Roger e Solotaroff com frequência para jantar, jogar pôquer ou beber cerveja, e a camaradagem fazia com que parecêssemos também casados, embora o exemplo da vida difícil de Ted e da óbvia pressão que uma família impunha sobre seu tempo para escrever e estudar me deixasse mais consciente do que nunca de que, quando nada por razões exclusivamente financeiras, minha ambição literária estaria mais bem servida se eu fosse responsável apenas por mim. Apesar de eu ganhar só dois mil e oitocentos dólares por ano, ainda tentava economizar a fim de fazer uma viagem à Europa, o que me parecia ser parte essencial de um aprendizado literário. Estava praticamente convencido de que jamais conseguiria viver com o que iria ganhar como escritor, mesmo se em algum momento viesse a ter algo publicado em revistas de grande circulação ou nas coletâneas trimestrais às quais eu tinha mais acesso. Desnecessário dizer (sem dúvida na Universidade de Chicago) que ninguém escrevia *na esperança* de ganhar dinheiro. Eu pensava que, se um dia fosse pressionado a escrever por dinheiro, simplesmente não seria capaz de escrever nada.

Nos primeiros meses que Josie e eu passamos juntos, eu falava a maior parte do tempo sobre meu trabalho como escritor, levava para ela meus livros de bolso prediletos, emprestava exemplares abundantemente sublinhados dos clássicos da Modern

Library, lia em voz alta páginas dos romancistas que eu apreciava e, passado algum tempo, comecei a lhe mostrar os manuscritos dos contos em que vinha trabalhando. Quando fui convidado a escrever resenhas de filmes para a *New Republic* por vinte e cinco dólares cada uma (um trabalho que me foi oferecido por causa da pequena sátira sobre as preces noturnas de Eisenhower originalmente publicada na *Chicago Review* e que a *New Republic* republicou), íamos juntos ao cinema e conversávamos sobre os filmes na volta para casa. No jantar, aprendíamos um com o outro sobre os lugares diferentes dos Estados Unidos de onde havíamos saído, ela muito perturbada e vulnerável — e só então livre o bastante para tentar corajosamente recuperar seu equilíbrio e começar uma nova vida como uma mulher independente — e eu, pelo jeito, fortalecido, incólume, sedento por ser reconhecido como escritor. As histórias que contei sobre minha infância protegida poderiam parecer a ela os relatos de Otelo sobre os homens cuja cabeça ficava abaixo dos ombros, tal foi o fascínio que sentiu pela atmosfera de um conforto seguro e confiável que atribuí à habilidade de minha mãe em gerenciar nossa vida doméstica e à perseverança no cumprimento do dever de meus pais mesmo nos anos de tensão financeira. Falei sobre a maestria de minha mãe na cozinha com tanto entusiasmo quanto quando enfatizava para Josie a sensual precisão encontrada em *Madame Bovary*. Como as escolas em que cursei o primário e o ginasial ficavam praticamente no final da rua onde eu morava, quando garoto eu ia almoçar em casa todos os dias. Por isso, eu disse a ela, quando voltava agora das minhas aulas matinais e tirava o terno novo para vestir as velhas roupas que eu gostava de usar quando escrevia, o primeiro aroma da sopa de tomate da Campbell aquecida na cozinha de meu pequeno apartamento ainda era capaz de suscitar em mim uma sensação aconchegante de expectativa e de iminente satisfação, produzindo o que só recentemente eu aprendera a reconhecer como um êxtase "proustiano" (apesar da minha incapacidade de ir além da página 60 de O caminho de Swann durante vários verões consecutivos).

Será que eu estava exagerando? Idealizando? Não sei. Será que Otelo estava? Ao conquistar uma mulher com narrativas, a pessoa tende a não se preocupar com o que certa vez ouvi um inglês definir como "pôr ovos demais no creme". Acho agora que o gosto inato pela justaposição dramática, a paixão por contrastar perspectivas aparentemente incongruentes, foi o que me encorajou a revelar com tais pormenores emocionais uma recordação que eu não teria sonhado em utilizar para atrair uma jovem confiante e de boa formação como Polly Bates, cuja fé em suas origens era inatacável. E seria impensável também com Gayle Milman, cujo ambiente familiar era ainda mais paradisíaco que o meu. O progresso que eu tinha feito das mãos do *mohel* às de Mildred Martin, minha história como o beneficiário da superdedicação, da superproteção e da supervigilância em uma família judaica impecavelmente respeitável, foi contado numa sequência que se alternava com as próprias histórias de vida dela, talvez como um antídoto moral para expulsar do sistema de Josie o resíduo venenoso que ainda contaminava sua fé na possibilidade de se realizar. Eu a estava cortejando, eu a estava envolvendo, encantando-a entusiasticamente — no clima de intimidade e franqueza a que um jovem amante aspira, lhe dizendo quem eu pensava ser e o que acreditava haver me formado, mas também empenhado numa forma de narrativa típica dos hinos religiosos em que o coro responde ao chantre. Eu era um contrapeso, uma antítese, proporcionando um contraste ingênuo à visão horripilante da natureza humana que emergia das histórias de uma inocente vitimizada, primeiro como a filha única criada desde a mais tenra infância como uma hóspede um tanto indesejada — juntamente com sua mãe sofredora e seu pai inútil — na casa do avô Hebert e de sua segunda mulher, e depois nas mãos do namorado do ginásio com quem se casara e que tinha razões, assim ela me disse, para desprezar por toda a vida.

Ela o desprezaria para sempre. Eu ficava hipnotizado — e me perdia em fantasias de machismo heroico — diante do ódio profundo que ela sentia por todos os góis imperfeitos que, segundo afirmava, a haviam maltratado e quase destruído, assim como Josie se encantava — e se enchia de fantasias — com meu idílico relato judaico dos pijamas bem passados e da sopa quente de tomate e com tudo que isso prometia em matéria de domesticidade, quando não da mais pura afeminação, de uma virilidade desabrida. Quanto mais ela me dava exemplos da conduta irresponsável e imoral daqueles homens, mais pena eu sentia das injustiças que ela sofrera e admirava a coragem de que precisou se armar para sobreviver. Quando ela os insultava com um adjetivo peculiarmente potente que gostava de usar, "abomináveis" — que eu até então associava com os réus do julgamento de Nuremberg —, mais eu me sentia atraído por um mundo do qual não podia continuar sendo protegido e sobre o qual um homem com meu tipo de trabalho realmente deveria conhecer alguma coisa: os domínios ameaçadores da vida dos norte-americanos desfavorecidos que até aquele momento eu só conhecia da leitura dos romances de Sherwood Anderson e Theodore Dreiser. Quanto mais Josie ilustrava a brutal capacidade que eles tinham de destruir todos os valores importantes para minha família, maior o desdém que eu sentia por essa gente e mais exemplos tocantes oferecia de nossa admirável história de benevolência. Eu bem poderia estar trabalhando para a Liga Antidifamatória — só que, em vez de defender minha minoria dos ataques antissemitas com base na boa conduta e nos direitos democráticos de seus membros, tinha assumido o papel do imaculado cavaleiro judeu que lutava contra os piores dragões góis para salvar uma representante da espécie deles.

Quatro meses depois de nos conhecermos, Josie descobriu que estava grávida. Eu não entendia como podia ter acontecido porque, mesmo quando ela afirmava estar no período seguro do mês e não ver necessidade de preservativo, eu insistia em que usasse o diafragma. Ficamos os dois em choque, mas o médico, um jovem clínico geral idealista que morava na vizinhança e atendia Josie quase de graça, foi ao apartamento dela para confirmar o diagnóstico. Sentado com ele na cozinha diante de um café, perguntei-lhe com ar lúgubre se havia algum modo de abortar a gravidez. Ele disse que tudo que podia fazer era receitar um medicamento que, naquele estágio, às vezes provocava um sangramento forte que iria exigir hospitalização para dilatação e curetagem. As chances de que funcionasse eram pequenas, mas, surpreendentemente, deu certo. Em questão de dias Josie começou a ter hemorragia e a levei ao hospital para que fizesse a raspagem. Quando ela voltou para o quarto, fui visitá-la com um buquê de flores e uma garrafa de champanhe nacional. Encontrei-a na cama com um ar tão feliz quanto o de uma mulher que tivesse dado à luz uma criança perfeita, conversando animada com um homem de meia--idade que acabei sabendo que não fazia parte do corpo clínico, e que era um rabino que atendia como um dos capelães do hospital. Depois de trocarmos algumas afabilidades, o rabino saiu do quarto para que pudéssemos ficar sozinhos. Suspeitando de alguma coisa, perguntei: "O que ele estava fazendo aqui?". Com toda inocência ela respondeu: "Veio me ver". "Por que você?" "No questionário de admissão", ela disse, "eu escrevi que era judia." "Mas você não é judia." Ela deu de ombros e, naquelas circunstâncias, eu não soube mais o que dizer. Estava perplexo pelo que me parecia uma mistura louca de sonho e maquinação dela, mas também tão aliviado de nos vermos livres do problema que cessei com as perguntas, peguei dois copos e bebemos em homenagem à nossa imensa sorte.

Dois anos depois ela engravidou de novo. A essa altura, nada havia entre nós que lembrasse um relacionamento amoroso, era só uma briga contínua focada em minhas falhas de caráter, da qual eu não conseguia escapar por mais longe que fosse. Eu tinha passado o verão de 1958 viajando sozinho pela Europa e, em vez de voltar para Chicago, havia abandonado o emprego e me mudado para Manhattan. Encontrei um apartamento barato no porão de um prédio no Lower East Side e vivia da primeira parcela dos sete mil e quinhentos dólares que a Houghton Mifflin me oferecera pelo manuscrito de *Adeus, Columbus*, que seria publicado na primavera de 1959. Deixara Chicago definitivamente em maio depois de um ano em que a deterioração dos laços de confiança entre Josie e mim provocara discussões brutais, exaustivas e incríveis: o adjetivo "abominável" não soava tão interessante quando passou a ser usado para me descrever. Exceto pelos inevitáveis encontros nas vizinhanças da universidade, quase não nos víamos e, por algum tempo, quando pareceu que tínhamos nos separado de vez, namorei uma mulher elegante formada na Radclife, Susan Glassman, que vivia com sua próspera família na North Shore e estudava inglês para obter um ph.D. na Universidade de Chicago. Era uma jovem bonita, que me parecia ainda mais desejável por ser um pouco indefinível, embora na verdade eu ficasse incomodado por não receber dela toda a atenção que queria. Uma tarde, destruí qualquer chance que tinha com Susan ao convidá-la para irmos ouvir Saul Bellow falar na Hillel House. Josie por acaso teve a tarde livre no trabalho e, para minha consternação, também estava na plateia. Mas, como Bellow era um de meus entusiasmos literários que ela passara a compartilhar, nenhum dos dois deveria ter se surpreendido tanto por termos nos encontrado lá. Depois da palestra, Susan foi falar com Bellow; os dois tinham se encontrado uma vez na Bard College, com amigos comuns, e, como se veria depois, naqueles poucos minutos foi restabelecido um contato que, anos mais tarde, fez de Susan a terceira mulher de Bellow. Josie, que fora sozinha para a Hillel House, me lançou um olhar sardônico enquanto Susan falava com Bellow; quando me aproximei para dar um alô, ela murmurou, com uma risadinha: "Bem, se é *disso* que você gosta...!". Como não havia o que responder, me afastei e esperei Susan terminar a conversa para irmos tomar um drinque com os Solotaroff. À noite, quando voltei ao meu apartamento, encontrei na caixa de correio um bilhetinho escrito à mão, e nem ao menos assinado, dizendo em poucas palavras que uma judia rica, mimada e dondoca era exatamente o que eu merecia.

Quando voltei da Europa em setembro de 1958, descobri que, depois de passar julho e agosto trabalhando em Nova York na *Esquire*, Josie decidira não voltar para Chicago e a seu emprego de secretária na universidade. Gostara de Manhattan e de sua posição às margens do círculo literário, tendo resolvido trabalhar na "área de publicações", embora não tivesse nenhuma qualificação para isso além da pequena experiência na *Esquire*. Mas se eu era judeu, ela era judia; se eu vivia em Manhattan, ela vivia em Manhattan; se eu era escritor, ela era escritora, ou pelo menos "trabalharia" com escritores. Acabei sabendo que durante o verão ela dissera a algumas pessoas que trabalhavam em revistas que ela havia "editado" meus contos, que tinham começado a aparecer na *Commentary* e na *Paris Review*. Quando a corrigi, dizendo que, embora ela tivesse lido os contos e dado sua opinião, isso não significava "editar", ela se indignou: "Mas não... eu sou sua editora!".

As discussões começaram imediatamente. Desesperada por se ver sem emprego em Nova York e não desejada por mim, nossa comunicação era carregada de uma linguagem tão venenosa que depois eu às vezes ia vagar sozinho pelas ruas durante horas para me acalmar, como se a *minha* vida é que tivesse chegado ao fundo do poço. Ela encontrou um apartamento para sublocar, mudou-se e depois misteriosamente o perdeu. Arranjou um emprego, apresentou-se para trabalhar — ou assim disse — e depois misteriosamente o emprego desapareceu. Sua pequena reserva financeira estava acabando, ela não tinha nenhum lugar permanente para morar e nenhuma entrevista resultava em um emprego de verdade. Com frequência pegava o metrô errado e me telefonava de cabines públicas de Queens ou do Brooklyn, resfolegando e incoerente, implorando que eu fosse buscá-la.

Eu não sabia o que fazer ou a quem apelar. Era novo em Nova York e a única pessoa com quem poderia me abrir era meu irmão. Afinal, foi nos livros de bolso que ele levava para casa nos fins de semana, quando estudava arte no Pratt Institute, que eu tivera os primeiros vislumbres de uma ficção moderna e de qualidade. Além disso, quando eu tinha catorze, quinze anos e ele enchia seus cadernos de desenho com cenas urbanas e esboços dos habitantes pobres da cidade, sua determinação de seguir uma profissão artística teve seu efeito inspirador. Seu exemplo de dedicação introduziu em minha mente a compreensão de que o filho de um corretor de seguros tinha o direito — caso possuísse talento e vontade — de não seguir uma carreira convencional no mundo dos negócios ou nas profissões liberais. O fato de meu pai nunca ter questionado seriamente a decisão de Sandy nem tentado interferir em seus passos subsequentes — nem mais tarde em minha aspiração — pode ter tido algo a ver com o exemplo do irmão de minha mãe, Mickey; se é que se pode falar da influência de um ser solitário, dócil e de humor mordaz que jamais teria a presunção de sugerir seu estilo de vida a ninguém, muito menos a meu irmão, a quem ele deu alguns de seus velhos e queridos livros de anatomia, mas a quem alertou de maneira fria sobre a impossibilidade de ser um bom artista e muito menos de viver disso. No entanto, o precedente de nosso tio Mickey fez com que a pintura parecesse à família não uma curiosidade, e sim uma área de trabalho real; se desejável ou não, isso já era outro assunto — a penúria e a falta de conforto de Mickey em seu pequeno estúdio na Filadélfia às vezes provocavam a ira de meu pai, e ele, no jantar, bombardeava nossa pobre mãe com uma arenga sobre a necessidade de que o irmão dela ao menos arranjasse uma moça para se casar. A liberdade que Sandy e eu sentimos ao trabalhar tão fora da órbita da cultura local provavelmente também se devia ao fato de nosso pai, não tendo uma boa formação escolar, desconhecer, para sorte nossa, quais seriam as vocações mais adequadas a seus filhos. Ele queria sobretudo que não passássemos por dificuldades, e isso podíamos conseguir trabalhando duro.

Embora de vez em quando Sandy e eu *sentíssemos* que tínhamos muito a dizer um ao outro, depois que saí do Exército começamos a nos afastar devido a sentimentos e influências relacionados a nossos trabalhos, ele como artista comercial de uma agência de propaganda, eu como professor universitário e escritor iniciante. Quando estávamos juntos, eu fazia o possível para ocultar meu desdém (bem considerável para os meus vinte anos e para a década de 1950 de Eisenhower) pelos pontos de vista dos publicitários; mas ele tinha consciência disso, tanto quanto eu tinha consciência de que ele não se sentia à vontade no meu círculo de professores e intelectuais de sobrancelhas erguidas, ressentindo-se de atitudes que ele julgava ser pretensiosas. Naturalmente isso não era uma grande preocupação para Sandy, como também os objetivos da J. Walter Thompson Co. não interferiam seriamente em minha vida. No entanto, a corrente subterrânea de desconfiança que havia entre nós, estimulada pela nossa forte polaridade profissional, criava uma atitude reticente e mesmo embaraçosa quando nos encontrávamos ou falávamos ao telefone. Além disso, Josie e Trudy, a mulher de Sandy, se detestavam, não havendo portanto razões para que nós quatro saíssemos juntos nem para que eu e ele tivéssemos uma conversa íntima — "como irmãos", como meu pai teria aconselhado. Estando Sandy num casamento e numa carreira que o conduziam numa direção mais convencional que a minha, planejando um tipo de vida que me parecia mais condizente com a história que eu deixara para trás, tive a impressão de que ele não teria condições — "morais", como eu me apressaria em dizer na época — de me ajudar com o problema com que eu me defrontava, ou, se tivesse, de que seria impossível para *mim*, com *meus valores*, pedir sua ajuda. Isso era puro e simples orgulho, a arrogância de uma jovem mentalidade literária absolutamente convencida de sua sabedoria superior, bem como a empáfia de um homem recém-chegado à condição de adulto, fortemente decidido a ser independente e, por isso, incapaz de confessar a um irmão mais velho, e pelo jeito menos ousado, que estava sendo puxado para um ponto onde não dava mais pé e que precisava de alguém forte para impedi-lo de se afogar.

Ademais, eu era o mais forte, não era? Ainda acreditava nisso, e não necessariamente sem razão: aqueles eram os meses mais triunfantes de minha vida. Menos de cinco anos depois de eu sair da universidade, estava prestes a ter um livro publicado, e meus editores na Houghton Mifflin, George Starbuck e Paul Brooks, me encorajavam tremendamente. Com uns poucos contos publicados, eu já conquistara uma pequena reputação em Nova York e por meio de novas amizades — Martin Greenberg na revista *Commentary*, Robert Silvers na *Harper's*, George Plimpton na *Paris Review*, Rust Hills na *Esquire* e Aaron Asher na Meridian Books — estava conhecendo outros escritores e começando a desfrutar a sensação de ser também um escritor, e não apenas um professor de redação de alunos do primeiro ano que havia escrito alguns contos nas horas vagas. O desgastado relacionamento amoroso com Josie, já em ruínas por quase um ano, era insuficiente para derrubar alguém com minha trajetória. Não era o casamento que me preocupava, ele era inconcebível. Eu simplesmente não queria que ela tivesse um colapso nervoso e temia a possibilidade de ela se suicidar, mesmo não acreditando que fizesse isso. Ela havia começado a falar em se atirar na frente de um trem do metrô, e o que parecia ter exacerbado sua desesperança era meu reconhecimento literário. "Não é justo!", ela gritava. "Você tem tudo, eu não tenho nada, e agora acha que pode me jogar no lixo!"

Com ou sem razão, eu me sentia responsável por ela ter ido para Nova York naquele verão. O emprego temporário na *Esquire* era como leitora para Gene Lichtenstein e Rust Hills, os editores de ficção da revista; quando Josie ouviu falar da vaga e se mostrou interessada, assegurei a Gene e Rust que ela estava capacitada a preenchê-la, imaginando que, se conseguisse o emprego, isso poderia ajudar, ainda que temporariamente, a amenizar suas queixas sobre a impossibilidade de progredir na vida. Suponho que pensei nisso como a última ajuda que lhe daria antes de eu desaparecer de vez. Mais tarde, Josie alegaria que, se Rust Hills não tivesse prometido que o emprego se tornaria permanente depois do verão, ela nunca teria saído de Chicago; e que também teria regressado a Chicago se eu não tivesse deixado implícito, nas cartas que escrevi da Europa, que desejava continuar com ela quando voltasse para Nova York. Rust Hills e eu a tínhamos enganado e, quando ela apareceu no cais para esperar meu navio em fins de agosto de 1958, foi porque *ela* sabia que era isso que eu queria. Acenando animadamente do píer num vestido branco de verão, ela se parecia muito com uma noiva. Talvez fosse essa a ideia.

Passamos algumas noites razoáveis nas semanas seguintes com um jovem arquiteto inglês que eu conhecera no navio e sua namorada inglesa, que trabalhava em Nova York para a *Vogue* no tipo de emprego que Josie desejava mas não conseguia obter. Numa dessas noites tentamos ter relações sexuais no meu apartamento de porão; o fato de eu estar claramente sem desejo a fez ficar furiosa, por causa de "todas as mulheres com quem você trepou na Europa". Não neguei que tivesse feito sexo durante a viagem. "Por que não deveria fazer?", perguntei — com o que, como era de prever, tornei tudo pior. Por volta de novembro, ela vagava por Nova York sem dinheiro e sem um lugar seu para morar. Numa manhã fria, apareceu com a mala ao pé da escada de concreto rachado que descia até meu apartamento e, exigindo que eu demonstrasse um mínimo de compaixão, pediu que a deixasse ficar. Pensei em abandonar o apartamento e deixá-lo para ela — pouco me importando com meus discos, livros e as poucas centenas de dólares de móveis de segunda mão — e desaparecer com o que me sobrava do adiantamento da Houghton Mifflin. Mas havia um contrato de aluguel de dois anos por oitenta dólares mensais, havia meus pais em Nova Jersey, com os quais eu conversava por telefone todas as semanas e que estavam felicíssimos por eu haver me instalado outra vez na Costa Leste, além das promessas de uma nova vida para mim em Manhattan. Eu também me recusava a fugir. Escapar e me esconder era repugnante. Eu ainda acreditava que certos traços de caráter me distinguiam dos sacanas *realmente* perversos que habitavam o passado dela. "Você, Rust Hills e meu pai", Josie gritou, chorando, do lado de fora da porta, naquele espaço escuro junto à escada. "Vocês são iguaizinhos!" Era a declaração mais louca que eu já tinha ouvido, mas levei a acusação a sério e, para provar que não era verdadeira, em vez de fugir fiquei. Ela também. Comigo.

Portanto, a segunda vez que Josie engravidou foi no começo de fevereiro de 1959. Não vou descrever nosso convívio no Lower East Side nos três meses precedentes, exceto para dizer que estou tão surpreso hoje quanto estive na época de não termos acabado — um de nós ou ambos — feridos ou mortos. Ela criou uma atmosfera perfeita onde eu não conseguia pensar. Aproximadamente no começo do ano em que *Adeus, Columbus* foi publicado, eu estava tão pronto para ser hospitalizado quanto ela, meu apartamento de porão tendo praticamente se transformado na ala psiquiátrica de um manicômio.

Como ela engravidou foi mais difícil ainda de entender dessa vez do que no ano anterior, em Chicago, quando nunca me ocorreu que a gravidez pudesse ter ocorrido por ela não ter usado o diafragma que ela sempre garantia estar indo ao banheiro aplicar. Ela já tinha dois filhos que era incapaz de criar e cuja falta sentia horrivelmente; por que desviar de seu caminho para ter o terceiro? Quatro meses depois de nos conhecermos, não havia nenhuma razão para duvidar de sua honestidade, a menos, é óbvio, que aos vinte e quatro anos, em vez de eu engolir toda aquela história da vitimização permanente, em vez de me interessar tanto pela proximidade que ela me permitia com os distúrbios desconhecidos de uma família gói e por aquelas realidades confusas, sórdidas e infelizes que inspiravam as lendas de ódio aos góis de meus avós, eu tivesse suficiente capacidade crítica para julgar a apresentação que ela fez de si mesma como ela tinha para julgar os homens que a vinham maltratando a vida toda.

Verdade que no meio da noite tinham ocorrido dois, três, ou talvez mesmo quatro, entrelaçamentos confusos e fantasiosos, nos quais de alguma forma tínhamos aplacado nossa raiva e, como sonâmbulos, saciado a fome física provocada pela cama quente, pelo quarto todo às escuras e pela descoberta de uma forma humana não identificável em meio às cobertas desalinhadas. À luz do dia, me perguntei se o que eu parecia estar me lembrando não teria acontecido num sonho. Na manhã de fevereiro em que ela anunciou estar grávida de novo, eu poderia jurar que por muitas e muitas semanas eu nem tinha *sonhado* com um daqueles encontros — eu me sentia eroticamente mumificado até para isso. Acabara de voltar de Boston, onde tinha revisado as provas de meu livro com George Starbuck, e foi mais ou menos com a notícia da gravidez que ela me recebeu: eu não apenas estava prestes a assinar minha primeira coletânea de contos como também de me tornar pai. Era mentira, desde o primeiro instante eu soube que era mentira, e acreditava que a mentira fora causada pelo desespero dela com minha viagem a Boston, por seu medo de que, com a publicação de meu primeiro livro em poucos meses, minha consciência fosse catapultada para algum lugar a salvo de suas acusações, minha autoestima elevada a alturas que ela também alcançaria — caso permanecesse a meu lado —, muito acima do inferno representado por todo o seu fracasso.

Quando eu lhe disse que era impossível ela estar grávida de novo, Josie repetiu que realmente ia ter um bebê e que se eu, "perversamente", me recusasse a assumir a responsabilidade por ele, ela levaria a gravidez até o fim e deixaria a criança na porta da casa de meus pais em Nova Jersey.

Não a achava incapaz de fazer isso (caso estivesse grávida), pois àquela altura ela também passara a se queixar de meus pais — dizia que eles a tinham tratado "impiedosamente" em uma desastrosa visita que fizera à nossa casa dois verões antes. Eu tinha ido passar um mês sozinho num quarto alugado em Cape Cod, para escrever; no final do mês, tal como planejado, Josie iria até lá, saindo de Chicago para uma semana de férias. Dias depois de minha chegada, uma tarde na praia de Falmouth encontrei uma aluna do quarto ano da Universidade de Boston, uma jovem tranquila, pouco exigente e feiosinha que estudava para ser professora primária e trabalhava como garçonete num restaurante de frutos do mar. Logo começamos a dormir juntos e nas tardes livres dela passeávamos pela praia e nadávamos. Seu namorado queria se casar com ela depois que ela se formasse, porém ela ainda não estava certa se o casamento seria uma boa ideia; contei-lhe que uma amiga estava indo me visitar e que eu também não queria vê-la. Nossos romances problemáticos e ambíguos eram o que mais tínhamos em comum, além de desejarmos um alívio momentâneo de nossos problemas. Pudemos nos dizer adeus com relativa facilidade, mas, quando fui de carro até Boston pegar Josie no aeroporto e levá-la para Cape Cod, o efeito retardado das poucas semanas agradáveis com a aluna da Universidade de Boston, a sensação de perda que senti por alguém que mal conhecia, mas com quem as coisas tinham corrido tão bem, foi mais forte do que eu tinha previsto e, de pronto, manifestei a Josie meu desânimo diante da perspectiva de retomarmos nossas brigas debilitantes — o que, claro, garantiu que elas recomeçassem de imediato.

Como depois de setenta e duas horas as coisas haviam se tornado tão infernais quanto antes, resolvemos dar um basta e voltar para Nova York. Ela iria passar o restante da semana num hotel, percorrendo os roteiros turísticos sozinha, enquanto eu iria a Nova Jersey, mais especificamente a Moorestown, perto de Camden, para onde meu pai havia sido transferido pouco antes, a fim de dirigir o escritório local da Metropolitan. Eu pensava ficar uma semana em Moorestown antes de voltar ao meu emprego em Chicago. Josie sabia que Polly uma vez tinha passado com minha família o feriado de Ação de Graças e parte das férias de Páscoa quando estávamos no último ano da Bucknell; quando voltávamos de Cape Cod, ela insistiu em saber por que não podia ir comigo — o que Polly Bates tinha de tão especial? Como eu podia tratá-la de modo tão horrível, quando ela tinha gasto suas economias para ir me ver em Cape Cod? Será que eu não era crescidinho o bastante para apresentar à minha mãe e a meu pai a mulher com quem tinha vivido por um ano em Chicago? Eu era um homem ou uma criança? Ela não parava de falar, e tive ganas de matá-la. Em vez disso, a levei para casa.

O fato de Josie não ser judia quase nada teve a ver com o que aconteceu — Polly também não era judia, mas meus pais sempre a trataram com cordialidade, estavam certos de que nos casaríamos e, depois que nos separamos para seguir os estudos em universidades diferentes, com frequência perguntavam por ela e a mencionavam com afeição. Não, o que eles viram e os assustou não foi a *shiksa*, e sim uma perdedora contumaz quatro anos mais velha do que eu, uma secretária sem um tostão e mãe divorciada de dois filhos pequenos que, como ela se apressou a explicar em nosso primeiro jantar lá, haviam sido "roubados" dela pelo ex-marido. Enquanto minha mãe estava lavando as roupas da família na manhã seguinte, Josie chegou com as peças de lingerie que havia usado nos poucos dias passados em Cape Cod e perguntou se podia pô-las na máquina também. A última coisa com que minha mãe queria lidar era com a roupa de baixo daquela mulher, porém, tão indefectivelmente cortês quanto a dona de casa ideal que aparecia em sua revista feminina predileta, ela disse: "Claro, querida", e prestativamente a pôs dentro da máquina. Em seguida, foi caminhando até o escritório de meu pai, a uns cinco quilômetros de casa, chorando desesperada porque eu, com todas as minhas perspectivas de vida, me juntara a uma mulher obviamente cheia de problemas que não guardava a menor semelhança com Polly nem com Gayle nem sem dúvida com ela própria. Minha mãe tinha visto de imediato o que havia de errado, tudo que eu levara meses para começar a perceber, todas as coisas desastrosas das quais eu era incapaz de me distanciar — e pelas quais continuava a sentir uma responsabilidade irresistível e meio louca. Minha mãe ficou inconsolável e Josie, mais uma vez furiosa e ofendida. Meu pai, com toda a diplomacia, exibindo uma elegância cavalheiresca que me revelou, talvez pela primeira vez na vida, as habilidades gerenciais que justificavam seu salário na Metropolitan Life, tentou lhe explicar que sua mulher nada tinha contra ela, que os dois estavam contentes por conhecê-la, mas que seria melhor para todos se Philip a levasse para o aeroporto no dia seguinte.

Fiquei desolado, sobretudo porque havia acontecido justamente o que eu imaginara — e que tinha sido a razão de eu não querer que Josie me acompanhasse. No entanto, quando voltávamos de carro e ela me disse como se sentiria infeliz sozinha num hotel vagabundo de Nova York ou, pior, de volta ao calor que fazia em Chicago, tendo tido férias tão horríveis por minha causa, mais uma vez fui incapaz de dizer não — assim como não tinha conseguido lhe dizer que não desejava vê-la nem por um dia quando decidi passar um mês do verão em Cape Cod. Poderia ter poupado Josie da humilhação, poderia ter poupado minha mãe de uma infelicidade — e a mim mesmo de minha crescente confusão mental —, se eu simplesmente não tivesse tido tanto medo de parecer insensível diante da interminável carência dela e de tudo que o mundo lhe devia.

Não é de admirar (embora talvez até fosse, considerando como eu estava escravizado ao sentimento de vitimização dela) que, ao voltar para Chicago naquele outono, passamos a nos ver cada vez menos e eu retomei a todo vapor minha vida de solteiro, indo atrás de Susan Glassman e saindo de quando em quando com a assistente editorial do *Bulletin of the Atomic Scientists*, uma garota mentalmente muito sadia que eu talvez tivesse visto muito mais se houvesse me instalado definitivamente em Chicago. O curioso é que, como Josie tinha um emprego e um apartamento em Chicago, se eu não tivesse querido pôr mil e seiscentos quilômetros entre mim e nosso relacionamento fracassado, ela nunca teria terminado sozinha em Manhattan e se agarrado a mim como a única coisa existente entre ela e a ruína total. No entanto, deixar de prever isso não foi nada diante de tudo que eu deixei de entender, eu, o jovem inteligentíssimo com minha associação literária com a Houghton Mifflin.

Em *Minha vida de homem*, no capítulo "Casamento *à la mode*" consta a descrição de como Peter Tarnopol é tapeado por

Maureen Johnson, que o faz crer que está grávida. Trata-se de um paralelo quase exato de como fui enganado por Josie em fevereiro de 1959; é provável que nada mais em minhas obras reproduza com tamanha precisão fatos autobiográficos como nesse caso. Aquelas cenas representam uma das poucas vezes em que eu espontaneamente não aperfeiçoei a realidade com o objetivo de me tornar mais interessante — eu não podia ser *mais* interessante. O que Josie fez, sem a ajuda de ninguém, foi uma pequena joia da invenção traiçoeira, sóbria, dramática, óbvia, degradante, falsa, quase comicamente simples e, acima de tudo, magicamente eficaz. Alterar a menor faceta que fosse dessa obra consistiria um erro estético, uma mutilação do maior feito imaginativo de sua vida, daquele ato cem por cento original que a promoveu da função fantasiosa de minha "editora" para, ainda que por um instante, a de uma rival literária de talento audacioso, a um desses escritores arrojadamente impiedosos que Flaubert considerava como do tipo mais execrável, do tipo também que minha limitada experiência e formação disciplinada me impedia sequer de imaginar. Aquela falta de comiseração magistral com certeza não poderia ser encontrada na coletânea de contos cuja publicação ela tanto invejava e da qual estava decidida a compartilhar. O próprio Dostoiévski, numa explicação de quinze páginas sobre a depravação humana por um de seus monologuistas loquazes, arruinados e quase loucos, talvez não se furtasse a prestar uma homenagem de cem palavras à engenhosidade daquele truque. Para mim, contudo, ele se tornaria algo mais calamitoso que uma sórdida nota de rodapé no grandioso épico de ignomínia urdido por Josie, porque, até ela confessar dois anos e meio depois (e, tal como Maureen ao fazer sua revelação a Tarnopol, drogada e bêbada, em meio a uma tentativa de suicídio fracassada), até eu ficar sabendo como ela havia me enganado em Manhattan e que também não usara o contraceptivo em Chicago, já tínhamos comparecido diversas vezes aos tribunais para tentar arrancar seus filhos do primeiro marido. Àquela altura, sua filha de dez anos, uma menina atormentada, simpática, bem-intencionada, mal-educada e emocionalmente maltratada, vivia em nossa casa em Iowa City, e Josie ameaçava me matar a facadas à noite, quando eu estivesse dormindo, se eu tentasse seduzir a criança, a quem, na verdade, eu estava, sem exagero, tentando ensinar a ver as horas e a ler. Desnecessário dizer que com relação a *isso* Dostoiévski poderia se permitir algo mais que meramente cem palavras. Eu mesmo dediquei vários milhares de palavras a fim de montar para ela um cenário adequado e digno no começo de *Minha vida de homem*, no capítulo "Flertando com o desastre", que pretende ser a macabra transmutação ficcional feita por Peter Tarnopol de sua própria e suficientemente pavorosa "verdadeira história". Para mim, se não para o leitor, esse capítulo — na verdade, todo o romance — teve como objetivo demonstrar que minha capacidade imaginativa havia resistido ao desperdício de todo aquele vigor juvenil, que eu não apenas tinha sobrevivido às consequências de meu caso devastador de imbecilidade emocional, mas, por fim, vencido minha deferência grotesca ao que aquela patética paranoica gói, nascida numa cidadezinha do interior, determinava constituir meu dever como ser humano, como homem e até como judeu.

A amostra de urina que Josie levou à farmácia para o teste da coelha foi comprada por uns poucos dólares de uma negra grávida que ela abordou certa manhã na entrada de uma casa de cômodos do outro lado do Tompkins Square Park. Uma hora antes ela tinha saído do meu apartamento, supostamente a caminho da farmácia, com uma garrafinha na bolsa que continha sua urina, inútil para seus fins, uma vez que revelaria que ela *não* estava grávida. O Tompkins Square Park já estava decadente naquela época, porém ainda era um lugar perfeitamente seguro para os idosos da vizinhança irem descansar, conversar em dias de tempo bom e ler seus jornais — na maioria das vezes ucranianos —, enquanto as mães que moravam nas redondezas, muitas delas jovens porto-riquenhas, levavam os filhos para brincar e correr ali. Depois de escrever o dia todo, eu ia com meu jornal, com meu *Commentary* ou *Partisan Review*, até um café italiano da Bleecker Street tomar um *espresso*. Se estivesse calor, eu me sentava em meu banco predileto do parque para ler durante algum tempo, olhar ao redor e às vezes fazer alguma anotação sobre o que eu tinha escrito naquele dia, sentindo a satisfação de um jovem que se vê numa grande cidade — para alguém de Newark, uma cidade muito mais mítica que Paris ou Roma. Embora eu não fosse tão pobre quanto os frequentadores do parque, ainda vivia escrupulosamente das parcelas semanais em que havia dividido o adiantamento da Houghton Mifflin. Não tendo o menor desejo de viver de forma diferente, me sentia perfeitamente à vontade circulando sem ser notado em meio àqueles norte-americanos imigrantes e seus descendentes norte-americanos. Não pensava em mim romanticamente como "um deles", não me referia a eles como "aquela gente", tampouco estava pesquisando — conhecia bastante os imigrantes vindos da Europa para não ter que estudar a sociologia do Tompkins Square Park. Às vezes, no entanto, eu pensava em como o processo de desenvolvimento da minha própria família e de todos os nossos amigos como imigrantes guardava ao menos alguns traços de semelhança fundamentais com a vida dos frequentadores daquele parque. Eu gostava do lugar tanto por seu ambiente simples e tranquilo quanto pelas ressonâncias pessoais que provocava em mim.

Não estou sugerindo que meu apego sentimental ao Tompkins Square Park deveria ter feito Josie ir procurar sua mulher grávida no Washington Square Park, a dez minutos de caminhada do meu apartamento, na direção oposta. Pelo contrário. Se ela tivesse ido a *outro* lugar que não o Tompkins Square Park, ela não seria a mulher cuja imaginação exercia tanto poder sobre a minha, talvez explicando por que mantinha um controle tão incompreensível sobre um jovem supremamente independente, seguro de si e empreendedor, um competidor intrépido com grande senso de propósito e forte desejo de fazer as coisas a seu modo. A mesma audácia delirante que tornava promissor até mesmo o menos sentimental dos encontros, que a havia induzido, provavelmente de modo muito natural, a se registrar como judia num hospital de Chicago apenas cem dias depois de termos iniciado nosso relacionamento, que a inspirara a entregar à minha mãe, mulher tradicionalista e digna de todo respeito, as roupas de baixo sujas que ela havia acumulado nas férias passadas comigo — foi precisamente isso que, como um cão de caça com um faro apurado para a ironia cáustica, a conduziu ao Tompkins Square Park a fim de fazer com que eu me tornasse um homem responsável — um *judeu* responsável. Ao parque onde ela sabia que eu tanto apreciava minha solidão e minha agradável sensação de identidade com as origens de imigrante de minha família americanizada.

Alguns dias depois, tendo aceitado minha proposta de casamento — sob a condição de que antes fizesse o aborto —, esse mesmo instinto a levou a pegar os trezentos dólares que eu havia sacado do banco e, em vez de ir ao aborteiro cujo nome eu tinha conseguido com um amigo estudante de medicina, embolsar o dinheiro e passar o dia num cinema da Times Square, vendo seguidas vezes Susan Hayward ser executada na câmara de gás em *Quero viver!*.

No entanto, depois que ela "fez" o aborto — depois que voltou do cinema para meu apartamento no porão e, em prantos, tremendo de forma incontrolável, me contou sob os lençóis todos os detalhes médicos horríveis do humilhante procedimento a que eu a havia submetido —, por que não tomei a decisão de fugir, já então como um homem livre? Como pude *continuar* com ela? A verdadeira pergunta é: como resistir a ela? Veja bem, como nunca fui capaz de resistir a ela? Esqueça a promessa que eu havia feito, depois de receber o resultado do teste da coelha, de me casar com ela caso se livrasse do feto — como *não* estar enfeitiçado por aquele talento irresistível de autoinvenção temerária, como um romancista novato e ainda em formação poderia ter a esperança de se desligar daquela irreprimível imaginação, capaz de inventar sem nenhum constrangimento as mais diabólicas ironias? Não era ela apenas que desejava estar indissoluvelmente ligada à minha criatividade de escritor e a meu livro; eu também não conseguia me separar das criações dela.

Quero viver!, um melodrama sobre uma atriz de filmes de segunda categoria que é falsamente incriminada como assassina e executada na câmara de gás. O filme que ela foi ver (em vez de ir ao aborteiro, de quem não necessitava) também figura em *Minha vida de homem*. Por que eu deveria ter tentado fazer algo melhor? Como poderia? E, tanto quanto eu sei, a própria Josie pode ter inventado aquilo na hora, consultado sua musa e despejado tudo na tarde de sua confissão dois anos depois... tendo, quem sabe, até mesmo inventado naquele momento — para tornar sua história mais convincente e me torturar um pouco mais — a amostra de urina que tinha comprado da mulher negra no Tompkins Square Park. Talvez ela tivesse feito essas coisas, talvez não; *alguma coisa* ela certamente fez, mas quem consegue distinguir o que é do que não é quando se depara com um mestre da falsidade? As cenas cruéis que improvisava! Os exageros incríveis do que imaginava! A certeza com que se imbuía dos próprios engodos! A convicção por trás daquelas caricaturas! Inútil fingir que não contribuí para alimentar seu talento. O que pode ter começado como pouco mais que uma mentalidade provinciana e mentirosa, tentada a fisgar um bom partido, foi transformada não pela fraqueza, mas pela firmeza de minha resistência, em algo louco e prodigioso, numa imaginação deslumbrantemente lunática que — descontado todo o resto — tornou totalmente ridículas minhas concepções convencionais de universitário sobre a probabilidade ficcional e sobre todas aquelas elegantes formulações jamesianas que eu absorvera sobre tato, proporção e ação indireta. Levou tempo e custou sangue, e de fato só quando comecei *O complexo de Portnoy* consegui me desligar com algo que se assemelhava ao talento dela para a audácia espantosa. Sem dúvida ela foi minha maior inimiga na vida, mas, cumpre dizer, nada menos que a melhor professora de escrita criativa que tive, uma especialista da estética dos atos extremos.

Leitor, eu me casei com ela.

Tudo em família

Ainda acho que não foi inocência minha ficar tão pasmo quanto fiquei, com vinte e seis anos, ao me ver confrontado com a oposição social mais virulenta de minha vida, e não vinda de góis, em um dos extremos do espectro de classes, e sim de judeus raivosos da classe média e da liderança da comunidade, além de alguns rabinos eminentes, os quais me acusaram de ser antissemita e de odiar a mim mesmo. Eu não havia nem começado a prever que isso pudesse estar ligado à luta para escrever e, no entanto, se revelou crucial.

Apesar de minha sofisticação intelectual, o "ódio a mim mesmo" ainda constituía uma ideia que eu desconhecia na época; se tal fenômeno estivesse presente em meu mundo, eu sem dúvida jamais o tinha percebido como um problema. Em Newark, não conheci ninguém em cuja conduta o ódio a si mesmo fosse visível, e o pessoal da Sigma Alpha Mu em Bucknell, apesar de suas deficiências, nunca deu a impressão de se incomodar com sua identidade nem de precisar se desculpar por sua existência. Quando Moe Finkelstein, um dos dois Sammies que jogavam no time de futebol americano da universidade, entrava em campo, seus irmãos da fraternidade sempre o saudavam aos berros para enfatizar o orgulho do grupo, uma demonstração de sentimento que provocaria paroxismos de vergonha num judeu que odiasse a si mesmo. Na verdade, o que havia de mais notável nos Sammies era a forma despreocupada com que se integravam num ambiente marcadamente gói sem negar suas diferenças ou enfatizá-las de maneira combativa. Mesmo então o comportamento deles me parecia uma resposta elegante a uma condição social que nem sempre provocava as melhores reações nas pessoas, em particular naquela era conformista.

Praticamente a partir do dia em que cheguei a Hyde Park como aluno e aluguei um quartinho na Casa Internacional, a Universidade de Chicago foi como uma extensão utópica e altamente evoluída do mundo judaico em que eu fora criado, como se a solidariedade e a intensidade íntima de minha vida no antigo bairro tivesse sido infundida de um apetite vital pelo prazer e pela experimentação intelectuais. Ao iniciar meus estudos em setembro de 1954, a universidade me pareceu cheia de judeus cem por cento genuínos e muito *menos* autoconscientes e inseguros de si do que os irlandeses católicos de Minnesota e os batistas de Kansas — judeus totalmente secularizados, porém em nada envergonhados de uma ascendência da qual extraíam sua pugnacidade ostensiva, sua excitabilidade e um dom para a ironia satírica, cujo sabor reconheci imediatamente: se o amigo de nossa família Mickey Pasteelnik, o Rei da Maçã de Newark, tivesse tido o prazer de estudar literatura, sem dúvida falaria sobre o livro *As asas da pomba* de Henry James como meu exuberante colega de Brooklyn Arthur Geffin. Ted Solotaroff — com quem debati proveitosamente durante anos depois que em 1956 voltei do Exército e comecei meu ph.D. em Chicago — lembra que nos referíamos a Isabel Archer como uma *shiksa*. Recordo-me de outra conversa, enquanto bebíamos cerveja na University Tavern, onde Geffin trabalhava à noite como barman, na qual se discutiu com grandes detalhes se Osmond não seria realmente judeu.

Isso tudo, claro, era bate-papo em horas de lazer, mas a satisfação que sentíamos ao levar para *Retrato de uma senhora* aquilo que havíamos aprendido espreitando o jogo de cartas de nossos pais de fato sugere que a confiança divertida que tínhamos em nossa condição de judeus representava um recurso intelectual. Também servia como defesa contra o excesso de refinamento, um contrapeso ante o poder intimidador de Henry James e ao bom gosto literário, cuja função "civilizatória" exercia certa atração para os jovens citadinos, inteligentes e ambiciosos que sabiam como era fácil mostrarem-se grosseiros numa esquina, num jogo de pôquer ou no anel superior da arquibancada do Ebbets Field. Parecia menos aconselhável tratar esse veio de vulgaridade — adquirido por sermos filhos de nossos pais e criaturas de nosso bairro — como uma impureza a ser eliminada de nosso linguajar do que aceitá-lo pragmática e ironicamente, sem nenhuma vergonha, extraindo uma grande alegria daquilo que, é bem provável, teria parecido a Henry James fruto de uma origem desditosa.

O que inflamou os ataques de judeus contra mim foi a publicação na *New Yorker* de abril de 1959 do conto "Defensor da fé", sobre judeus recrutados pelo Exército na época da guerra tentando extrair favores de seu hesitante sargento judeu. Era minha segunda ficção a aparecer numa revista comercial importante. Com os oitocentos dólares que tinha ganhado pelo primeiro conto na *Esquire* e o adiantamento da Houghton Mifflin, tinha deixado meu cargo de professor na Universidade de Chicago e me afastado de vez (assim pensei) da vida de Josie. Tencionando viver apenas como escritor, eu havia me mudado para o Lower East Side de Manhattan, para aquele apartamento de porão de dois cômodos e perfeitamente localizado — dada minha predileção por ambientes urbanos culturalmente diversificados — entre os vagabundos que pediam esmolas na Bowery e as cestas de pãezinhos com cebola das mesas do Ratner's. Os outros contos sobre judeus que seriam publicados na coletânea da Houghton Mifflin intitulada *Adeus, Columbus*, embora tenham atraído algum interesse dos leitores comuns, não causaram nenhum furor entre os judeus quando saíram na *Paris Review*, uma nova revista literária trimestral de circulação mínima, e na *Commentary*, a publicação mensal editada havia anos por Elliot Cohen e publicada pelo American Jewish Committee. Se eu tivesse submetido "Defensor da fé" à *Commentary* — cujo coeditor era então Martin Greenberg, um bom amigo que me apoiou desde cedo —, imagino que a revista o teria publicado e que as críticas suscitadas pelo conto não seriam tão espetaculares. É até possível que a agitação causada um mês depois por *Adeus, Columbus* — os sermões pronunciados nos púlpitos, as discussões domésticas, os debates nas organizações judaicas avaliando o perigo que eu representava, tudo isso servindo para dramatizar de forma inesperada, para pessoas que não costumavam ler literatura, o que afinal era apenas uma primeira coletânea de contos — não tivesse atingido proporções desagradáveis se "Defensor da fé" tivesse saído na *Commentary* e ganhado, assim, seu aval como a manifestação permissível de um judeu. Nesse caso — se não tivesse havido a balbúrdia da publicação na *New Yorker*, se *Adeus, Columbus* tivesse o inofensivo destino cultural de um pequeno êxito crítico —, é provável que meu alegado antissemitismo nunca tivesse se infiltrado na apreciação de minha obra, fazendo com que eu me defendesse em ensaios e palestras públicas. Isso também me levou a uma reação mais agressiva, quando, diante das acusações de que eu havia divulgado segredos judaicos e falsificado de modo vulgar a vida dos judeus, elevei as apostas com a publicação de *O complexo de Portnoy*. Esse livro não foi confundido com um ato de conciliação, e as ramificações do quiproquó que criou me inspiraram a mais tarde cristalizar o conflito público com o drama de dissensão no seio de uma família. Essa foi a coluna vertebral da série que tem Zuckerman como protagonista, que começaria a tomar forma oito anos depois.

O fato de que a *New Yorker*, assim como a *Partisan Review* e a *Commentary*, tinha um editor judeu, William Shawn, colaboradores judeus — como S. J. Perelman, Irwin Shaw, Arthur Kober e J. D. Salinger — e numerosos leitores judeus, deveria ter sugerido, aos leitores que eu havia irritado, que a identificação com a aura privilegiada e inequivocamente não judaica da *New Yorker* fornecia a esses judeus (e sem dúvida ao próprio Roth) muito mais substância do que lhes conferia a condição de judeus. Logo entendi que o ódio a si mesmo significava uma aversão internalizada, embora não necessariamente consciente, às características reconhecíveis de seu grupo, a qual culminava ou em esforços quase patológicos para eliminá-las ou na necessidade de vilipendiar ferozmente aqueles que nem sabiam o bastante para tentar se odiar.

Como eu não tinha paciência para esperar pelos exemplares do autor que chegariam pelo correio, no dia em que a *New Yorker* seria distribuída fiz três visitas à banca da rua 14, em frente ao Klein's, para ver se a revista já havia chegado. Quando a encontrei, à tarde, comprei uma para mim e outra para enviar a meus pais. Enquanto eu cursava a universidade, eles tinham se mudado de Weequahic para um pequeno apartamento com jardim num agradável conjunto residencial na cidade vizinha de Elizabeth, na mesma rua onde haviam se casado em 1926 e onde quase todos os domingos de minha infância, depois de visitarmos minha avó paterna já viúva num dos bairros de imigrantes mais antigos de Newark, íamos ver minha avó materna, também viúva, que dividia um pequeno apartamento com uma tia minha solteira. Meus pais não conheciam a *New Yorker* tanto quanto qualquer das outras revistas em que meus primeiros contos apareceram. *Hygeia* às vezes era vista lá em casa, assim como, esporadicamente, *Collier's*, *Liberty* e *Saturday Evening Post*, mas as preferidas de minha mãe eram *Ladies' Home Journal*, *Redbook* e *Woman's Home Companion*. Nas páginas dessas revistas ela confirmava sua percepção de como se vestir e de como mobiliar a casa, encontrava receitas que recortava e guardava numa caixa apropriada, recebia instruções sobre as convenções da época a respeito de casamento e criação dos filhos. Decoro e cortesia eram tão importantes para ela quanto para as heroínas das ficções que ela lia nessas revistas; graças a seu exemplo de polidez meu irmão e eu nos tornamos meninos bem-comportados, sempre uma fonte de orgulho para ela, como dizia, nas saídas especiais de domingo, quando íamos ao Tavern, o restaurante de ambiente familiar frequentado pela burguesia judaica de Newark (uma classe em que nós, sem dinheiro, sem propriedades e sem grande savoir-faire social, na verdade ocupávamos posição bem precária).

Minha mãe lia cinco ou seis livros por ano, retirados na biblioteca, não de literatura barata, mas romances populares que haviam conquistado prestígio moral, como as obras de Pearl Buck, sua autora predileta, que ela apreciava pelo mesmo tipo de razões que a faziam admirar a Irmã Elizabeth Kenny, a prestigiosa enfermeira australiana que na década de 1940 trouxe para os Estados Unidos técnicas terapêuticas para tratar vítimas de pólio. Ela adorava a compaixão militante e desafiadora dessas mulheres. Sua heroína das heroínas era Eleanor Roosevelt, cuja coluna, "Meu dia", ela acompanhava no jornal sempre que podia. Depois de se formar em 1922 na Battin High, em Elizabeth, minha mãe, nessa época conhecida como Bess Finkel, tinha trabalhado com muito sucesso e por muitos anos como secretária. Filha devotada, naturalmente morava com a família, amava a mãe e a irmã mais velha, temia o pai, ajudou a criar duas irmãs mais novas e era apaixonada por seu único irmão, Mickey — músico e estudante de arte que mais tarde se tornou um solteirão tranquilo, modesto, de fala mansa mas espirituoso, que gostava muito de viajar. A ambição artística o fez pintar retratos e paisagens, mas se sustentava como fotógrafo profissional; sempre que as finanças permitiam, fechava seu pequeno estúdio na Filadélfia e partia para a Europa a fim de visitar museus e rever os quadros de sua preferência. Minha mãe acreditava que Sandy e eu devíamos nossas tendências artísticas à mesma herança genética que havia determinado a carreira solitária de tio Mickey, e, tanto quanto eu sei, ela tinha razão. Mulher de imensa habilidade nos afazeres domésticos e com uma benigna falta de cosmopolitismo, tranquilizadoramente confiante até os limites de nosso mundo social e progressivamente insegura, embora de modo respeitável, quando precisava ultrapassar essas fronteiras, minha mãe sentia um orgulho inequívoco de meus primeiros contos. Não tinha a menor ideia de que pudesse haver algo seriamente ofensivo sobre eles e quando se deparou com artigos na imprensa judaica sugerindo que eu era um traidor não entendeu do que meus detratores estavam falando. Quando uma vez ficou em dúvida — impressionada por um comentário injurioso que ouviu por acaso numa reunião da Hadassah* —, me perguntou se eu era mesmo antissemita; quando eu sorri e balancei a cabeça dizendo que não, ela se deu totalmente por satisfeita.

Os exemplares da *Commentary* e da *Paris Review* que eu tinha enviado pelo correio ou levado para Elizabeth quando visitava meus pais — contendo meus contos "Epstein", "A conversão dos judeus" e "Você não pode definir um homem pela música que ele canta" — ficavam expostos por minha mãe, entre apoios de

---

* Organização sionista de mulheres nos Estados Unidos. (N. T.)

livros, numa mesinha da sala de visitas. Meu pai, que em geral só lia jornais, era um exibicionista ainda mais agressivo dos meus trabalhos publicados, mostrando as revistas estranhas a quem quer que os visitasse e até mesmo lendo em voz alta para os amigos as frases em que imaginava reconhecer o detalhe de uma descrição, nome ou diálogo de que eu me apropriara de alguma fonte familiar. Depois da publicação de "Defensor da fé", quando lhe contei ao telefone que a Liga Antidifamatória da B'nai B'rith havia pedido que eu me reunisse com seus representantes para discutir os protestos contra o conto, ele se revelou incrédulo: "Que protestos? Todo mundo gostou muito. Protesto por quê? Não entendo".

Se aquelas acusações feitas por autoridades judaicas tivessem sido dirigidas ao filho de outras pessoas, talvez nem ele nem minha mãe tivessem ficado tão convictos da probidade do escritor, mas para eles a possibilidade de serem feridos como judeus por *mim* — que tinham visto ser circuncidado e fazer o bar mitzvah, que tinham mandado estudar por três anos em uma das escolas mais modestas de hebraico da nossa vizinhança, cujos amigos mais íntimos eram todos meninos judeus, que sempre tinha sido uma fonte de orgulho — não ocorria a nenhum dos dois, e jamais ocorreria. Meu pai era capaz de se tornar tão beligerante sobre as acusações contra minha lealdade como judeu quanto, anos depois, se alguém declarava ter dúvidas a respeito de qualquer aspecto da política israelense.

Devo acrescentar que ele não se apressaria a defender minhas conquistas como estudante de judaísmo ou minha observância religiosa: com treze anos, não saí particularmente iluminado dos meus três anos na escola de hebraico, nem minha noção do sagrado foi muito enriquecida. Também não cheguei a ser um fracasso total, pois aprendi o bastante de hebraico para ler bem rápido (sem necessariamente compreender tudo) trechos da Torá em meu bar mitzvah. Mas o lado judaico de minha educação que tornou minimamente aceitável aquela uma hora depois da escola, três vezes por semana, teve a ver com a atração hipnótica pelo que de mais profano aquele ambiente possuía. Lembro-me da insensata perseguição ao pobre sr. Rosenblum, nosso professor refugiado que acabara de escapar do nazismo, um homem de sorte (assim ele havia pensado) simplesmente por estar vivo, mas cuja efígie os meninos mais velhos penduraram mais de uma vez num poste do lado de fora da janela onde ele lecionava das quatro às cinco da tarde. Lembro-me da alarmante decrepitude do sr. Fox, o *shammes* nascido na Europa, nosso devorador de arenque, a quem enlouquecíamos jogando bola contra a parede dos fundos da sinagoga — o sr. Fox que costumava fazer incursões às lojas em que havia máquinas de jogos e ali agarrar os rapazes pelo pescoço a fim de reunir um número suficiente de almas para o *minyan*. E, naturalmente, lembro-me do infortúnio de um colega de classe de nove anos, de uma timidez lancinante, que em nosso primeiro dia de aula na escola de hebraico, em 1943, quando o rabino que era líder da sinagoga e diretor de ensino começou a se dirigir de forma um tanto grandiloquente aos novos alunos no cubículo que servia de sala de aula e que ficava logo acima da Arca da Aliança, borrou-se sem querer, um infortúnio patético que a turma, nervosa, recebeu com blasfema hilaridade.

Naquelas horas pós-escola passadas na deprimente escola de hebraico — quando eu daria tudo para estar lá fora jogando bola até a hora do jantar —, eu sentia uma turbulência subjacente que não associava de modo algum com a escola pública arejada e organizada onde das nove às três eu era um engenhoso garoto norte-americano: uma indisciplina efervescente e vigorosa que conflitava diretamente com todas as severas normas rituais que eu estava sendo chamado a obedecer com devoção. No conflito entre a solenidade angustiosa que nos era comunicada pelo misterioso zumbido das orações na sinagoga e a irreverência implícita no espírito das animadas travessuras exibido quase diariamente nas salinhas de aula do segundo andar da *shul*, identifiquei algo muito mais "judaico" do que jamais ocorreu nas histórias fabulosas sobre tendas judaicas em desertos judaicos habitadas por judeus que não tinham claramente sobrenomes locais como Ginsky, Nusbaum e Strulowitz. Apesar de tudo que não podíamos comer como judeus — exceto nos restaurantes chineses, em que a carne de porco vinha clandestinamente no *egg roll*, ou na costa de Nova Jersey, onde os moluscos se escondiam covardemente no fundo da sopa —, apesar de todos os nossos tabus, proibições e alardeadas autonegações, um vigor decididamente irreprimível pulsava em nossa vida cotidiana, convertendo num teatro imprevisivelmente paradoxal o aborrecimento agonizante de ser obrigado a comparecer à escola de hebraico, quando se podia estar num campo de beisebol como jardineiro esquerdo ou primeira base.

Sobre minha educação na escola de hebraico, a recordação que ficou é que, sem falar em tudo que significou para minha geração crescer como judeu nos Estados Unidos, ela foi, de modo geral, divertida. Não creio que um menino judeu inglês teria necessariamente sentido o mesmo, e, claro, para milhões de crianças judias a leste da Inglaterra, crescer como judeu foi trágico. Parecíamos entender isso sem precisar que nos dissessem.

Eu ter crescido como judeu em Newark nas décadas de 1930 e 40, com a escola de hebraico e tudo mais, foi um modo perfeitamente legítimo de crescer como norte-americano. Mais ainda: crescer como judeu e crescer como norte-americano me pareciam coisas indistinguíveis. Cabe lembrar que naquela época não havia um novo país judaico, uma "terra natal" capaz de criar o espectro de sentimentos — orgulho, amor, ansiedade, chauvinismo, filantropia, humilhação, vergonha — que, para muitos judeus norte-americanos hoje com mais de quarenta anos, confundiram de novo sua autodefinição como judeus. Tanto não havia muito saudosismo das velhas comunidades judaicas da Europa, que a Broadway mais tarde começou a comercializar a sentimentalização de Sholom Aleichem. Sabíamos muito bem que nossos avós não tinham se obrigado a deixar suas famílias *shtetl*, que não tinham deixado para trás parentes que jamais voltariam a ver porque de volta para casa nas aldeias todo mundo costumava cantar músicas sentimentais que traziam lágrimas aos olhos das plateias. Eles tinham ido embora porque a vida era um horror; de fato tão horrorosa, tão pobre, tão completamente sem esperança, que o melhor era esquecê-la. A obstinada amnésia com a qual eu costumava me deparar sempre que tentava, quando criança, conhecer pormenores de nossa existência pré-americana não era exclusiva da nossa família.

Acredito que muito da exuberância com que eu e outros da minha geração de crianças judias aproveitamos nossas oportunidades depois da guerra — aquela maravilhosa sensação de ter direito a tudo que os demais tinham, de que se podia fazer qualquer coisa sem ser excluído de nada — se deveu à crença na inexistência de barreiras na democracia em que vivíamos e à qual pertencíamos. É difícil imaginar que qualquer pessoa inteligente que tenha crescido nos Estados Unidos depois da guerra do Vietnã tenha tido a sensação inequívoca de pertencer à maior nação no mundo, que tivemos como jovens adolescentes logo depois da vitória sobre o fascismo nazista e o militarismo japonês.

No almoço sobre o "Defensor da fé" com dois representantes da Liga Antidifamatória, eu disse que ser entrevistado por eles sob a alegação de veicular matéria insultuosa e prejudicial aos judeus era algo particularmente perturbador, uma vez que, como um ginasiano que pensava em estudar direito, eu às vezes me imaginara trabalhando na organização deles, defendendo os direitos civis e legais dos judeus. Em resposta, não ouvi nenhuma áspera repreensão, acusação nem nada que se parecesse com um alerta sobre o que eu deveria escrever ou onde deveria publicar. Disseram que tinham desejado me ver apenas para me informar das reclamações que haviam recebido e para responder a quaisquer perguntas *minhas*. Imaginei, contudo, que parte da missão deles consistia em saber se eu era um maluco, e, na atmosfera de civilidade despreocupada que se estabeleceu entre nós durante o almoço, eu disse isso a eles, e nós rimos. Perguntei quem exatamente eles achavam que havia telefonado ou escrito, e especulamos juntos sobre o que, no conto, tinha sido mais provocativo e por quê. Despedimo-nos de forma tão amistosa quanto ao nos encontrarmos, e só voltei a ter contato com a Liga anos depois, quando a filial de Chicago me convidou para participar de um simpósio ecumênico, copatrocinado pela Universidade de Loyola, cujo tema era a "imagem" dos católicos e dos judeus na literatura norte-americana.

Depois que *Adeus, Columbus* ganhou, em 1960, o National Book Award na área de ficção e o Prêmio Daroff do Conselho Judaico de Literatura dos Estados Unidos, fui convidado a falar sobre temas semelhantes para grupos da Hillel, centros comunitários judaicos e sinagogas em todo o país. (Como em 1960 eu estava em Roma, com uma bolsa da Fundação Guggenheim, não pude comparecer à cerimônia de entrega do prêmio Daroff em Nova York. O membro do júri que mais me apoiou, o falecido crítico e professor David Boroff, confirmou o relato feito por meu amigo Bob Silvers — que lá esteve para receber o prêmio em meu lugar — segundo o qual a escolha de meu livro não agradara aos patrocinadores e a muitas pessoas presentes à cerimônia. No ano anterior, outro grupo de jurados havia premiado Leon Uris por

Exodus.) Quando eu tinha condições de me afastar da universidade, aceitava esses convites e me apresentava diante de plateias judaicas, a fim de dar palestras e responder a perguntas. Eram públicos gentis e respeitosos, às vezes distantes, e os mais hostis em geral guardavam sua ira para o início das perguntas. Eu enfrentava sem problema essas trocas de ideias, embora nunca fosse atrás delas. Não tinha a menor intenção de ser conhecido como um escritor que já nascia "controvertido", e no começo não fazia ideia de que meus contos pudessem parecer repugnantes a judeus comuns. Eu pensava ser uma espécie de autoridade da vida judaica cotidiana, com sua tendência a satirizar a si mesma e à comédia exagerada, e por muito tempo continuei me sentindo tão perplexo em privado quanto resistente em público, quando confrontado por judeus provocadores.

Em 1962, aceitei um convite para participar de um painel na Universidade Yeshiva, em Nova York. Senti que era minha obrigação responder ao acentuado interesse que meu livro continuava despertando entre judeus, e, acima de tudo, eu não queria me esquivar de comparecer àquela conhecida fortaleza judaica. Como um dos participantes seria Ralph Ellison, também me senti honrado por tê-lo como membro da mesa. O terceiro participante seria Pietro di Donato, um escritor relativamente obscuro depois do sucesso de seu romance proletário *Cristo em concreto* na década de 1930.

Desde o começo suspeitei da afirmação expressa no nome do simpósio — "A crise de consciência dos escritores de ficção que representam minorias" — e de sua presunção, tal como interpretei, de que a principal causa da dissensão sobre a literatura das "minorias" não residia nas incertezas sociais de uma audiência minoritária, e sim na profunda perturbação das faculdades morais dos escritores pertencentes a essas minorias. Embora eu não tivesse uma real compreensão dos judeus extremamente religiosos — um grupo quase tão estranho para mim quanto o dos católicos mais devotos —, sabia o suficiente para não esperar que aquelas pessoas, a maior parte delas dos corpos docente e discente da Universidade Yeshiva, fossem me apoiar. No entanto, fui incapaz de prever quão desmoralizante seria a confrontação, já que o debate ocorreria no auditório de uma universidade — cenário em que me sentia bastante à vontade — e eu não tinha sido convidado para falar individualmente sobre um assunto que interessava apenas a judeus, e sim para analisar a situação mais ampla dos escritores que pertenciam a minorias nos Estados Unidos, e isso na companhia de um autor ítalo-americano que eu tinha curiosidade de conhecer e de um escritor negro muito prestigiado por quem sentia admiração.

Fui de Iowa para Nova York com Josie e, na noite do simpósio, seguimos de táxi para a Universidade Yeshiva juntamente com meu novo editor da Random House, Joe Fox, que estava ansioso para assistir ao debate. A Random House lançaria mais tarde, naquele ano, *Letting Go*, meu segundo livro, mas, como *Adeus, Columbus* havia sido publicado pela Houghton Mifflin, Joe não tinha tido contato direto com aquelas reações raivosas e, sendo gói, estava distante da controvérsia e perplexo com suas origens. Josie, claro, também era gói, mas depois que nos casamos, por iniciativa própria — e contra minha vontade, sem mencionar minhas convicções laicas — havia recebido instrução religiosa do rabino Jack Cohen, na Sinagoga Reconstrucionista em Manhattan, e se convertido ao judaísmo. Havíamos nos casado primeiro numa cerimônia civil conduzida por um juiz de paz em Yonkers, tendo apenas dois amigos como testemunhas; vários meses depois, Jack Cohen voltou a nos casar em sua sinagoga, numa cerimônia religiosa assistida por meus pais. Essa segunda cerimônia me pareceu — como talvez também a meus pais, que no entanto estavam muito desnorteados para serem algo mais do que corteses — não apenas desnecessária, mas, nas circunstâncias em que ocorreu, também vulgar e ridícula. Concordei em participar, a fim de que a conversão sem sentido de Josie ao menos parecesse ter alguma utilidade, embora para mim fosse lamentavelmente claro que aquilo constituía mais uma tentativa insensata de criar um laço artificial entre nós quando o desacerto era gritante e já catastrófico. Para mim, ser judeu correspondia a uma condição histórica real e delicada à qual a pessoa estava submetida desde o nascimento, e não a uma identidade passível de ser obtida depois da leitura de uma dúzia de livros. Se minha nova mulher podia se tornar judia pelo resto da vida graças a seus estudos com Jack Cohen, por mais sensível e dedicado que ele fosse, então eu poderia me tornar um súdito da rainha caso apresentasse a Winston Churchill meu diploma de mestrado em literatura inglesa.

No desejo dela de ser um simulacro de judia, vi mais um sinal preocupante do colapso de sua integridade. Algo muito semelhante ao ódio a si mesmo com o qual eu fora estigmatizado parecia impeli-la a camuflar as marcas de seu passado no interior do Meio-Oeste, falsificando mais uma vez sua associação comigo e com minha formação. Falo sobre isso não para atacar Josie outra vez, mas para revelar uma curiosa ironia da qual eu não estava consciente enquanto a judia nova em folha e de aparência claramente nórdica estava sentava na plateia da Universidade Yeshiva assistindo à "excomunhão" do jovem escritor de feições semitas que os dezessete anos passados como filho de seus pais no bairro Weequahic não poderiam ter tornado mais indestrutivelmente judeu.

O julgamento (em todos os sentidos) começou depois que Di Donato, Ellison e eu tínhamos feito nossas apresentações introdutórias de vinte minutos. Ellison divagou com facilidade e inteligência, apoiado em algumas anotações, Di Donato improvisou de modo não muito coerente e eu li algumas páginas que havia preparado, as quais me permitiram falar com confiança e ao mesmo tempo me proteger, assim pensei, da possibilidade de que alguém, ao me fazer perguntas, alterasse o contexto em que meus argumentos se sustentaram; estava decidido a tomar todas as precauções, para não correr o risco de ser mal interpretado. Quando o moderador iniciou a segunda fase do simpósio, nos questionando sobre nossas declarações iniciais, o único conferencista em que pareceu realmente interessado fui eu. Sua primeira pergunta depois do monólogo de Di Donato — a quem eu, se fosse o moderador, teria exigido um esclarecimento rigoroso — foi a seguinte: "Sr. Roth, o senhor teria escrito os mesmos contos que escreveu se vivesse na Alemanha nazista?". Essa pergunta ressurgiu vinte anos mais tarde em *O escritor fantasma*, feita pelo juiz Leopold Wapter a Nathan Zuckerman.

Trinta minutos depois eu ainda estava sendo submetido a um cerrado interrogatório. Nenhuma resposta que eu dava era satisfatória e, quando se permitiu que a audiência participasse da provocação, me dei conta de que os espectadores não apenas se opunham a mim mas me odiavam. Jamais esqueci minha reação aturdida: uma sensação de cansaço físico me invadiu e começou a me levar para longe do auditório mesmo enquanto eu tentava responder com coerência a uma denúncia atrás da outra (pois então já tínhamos ido além do interrogatório e atingido o anátema). Meu espírito combativo, que nunca foi débil, simplesmente se esvaiu e precisei de fato suprimir o desejo de fechar os olhos e, sentado à mesa dos conferencistas e com um microfone aberto a alguns centímetros de meu rosto suado, mergulhar na inconsciência. Ralph Ellison deve ter notado que minha tenacidade havia se esgotado porque de imediato o ouvi me defendendo com uma autoridade eloquente que eu não teria esperança de exibir a meio caminho de um desmaio. Sua posição intelectual era praticamente idêntica à minha, mas ele a apresentava como um negro norte-americano, usando exemplos de seu romance *Homem invisível* e da relação ambígua que o livro criara com alguns membros de sua própria raça que haviam protestado contra a obra. Seus comentários pareceram ser vistos pela plateia como mais dignos de crédito que os meus, ou talvez a tivessem desviado de sua verdadeira missão, esvaziando a pressão inquisitorial que eu imaginava iria crescer até o ponto em que eu seria morto a pedradas ou cairia no sono.

Depois de eu ter sido relegado a segundo plano, o evento logo terminou. O moderador desejou boa sorte aos debatedores, a plateia reagiu com aplausos escassos e começamos todos a descer do palco pelas escadas laterais. No mesmo instante, me vi cercado pelo indivíduo mais agressivo, que a intervenção de Ellison obviamente só interrompera por algum tempo. Chegávamos ao clímax do julgamento e, embora eu então já estivesse bem acordado, ainda era incapaz de me desembaraçar facilmente do meio deles. De pé contra a parede entre o palco e o vestíbulo, com Joe e Josie visíveis para além dos rostos de meus judicantes — embora de modo algum *meus* judeus —, ouvi o veredicto final, um julgamento tão cruel que não espero ouvi-lo de novo neste ou em outro mundo. Comecei a gritar: "Saiam da frente, para trás… estou indo embora daqui" depois que alguém, sacudindo um dedo na frente do meu nariz, berrou: "Você aprendeu tudo numa literatura antissemita!". "É?", gritei de volta. "Em qual?", realmente curioso para saber o que ele queria dizer com aquela afirmação. "Na literatura inglesa!", ele urrou de volta. "A literatura inglesa é antissemita!"

Mais tarde, no centro de Manhattan, Josie, Joe e eu fomos comer alguma coisa na Stage Delicatessen, descendo a rua do hotel onde havíamos nos hospedado. Eu estava indignado por haver me exposto como um idiota àquilo, envergonhadíssimo com meu desempenho, ainda furioso com as acusações da plateia. Enquanto comia nada menos que um sanduíche de pastrami, eu disse: "Nunca mais escrevo sobre judeus". Igualmente ridículo, pensei que estivesse dizendo aquilo para valer, ou que pelo menos deveria dizer. Naquele instante, recém-terminado o evento, eu não conseguia entender que o contato mais brutal de toda a minha vida com o público não constituía o fim do envolvimento da minha imaginação com os judeus, muito menos uma excomunhão, mas o verdadeiro começo de minha servidão ao tema. Eu imaginara — sobretudo com base em *Letting Go* — estar a salvo das preocupações causadas pela coletânea de meus contos de aprendizado e pelos temas que tinham me vindo de forma tão espontânea como escritor iniciante. *Letting Go*, sobre as responsabilidades imprevistas de um jovem adulto que nada tinha a ver com a Nova Jersey judaica, pareceu ser a direção que as novas preocupações me indicavam. Mas a batalha na Universidade Yeshiva, em vez de me afastar para sempre dos temas ficcionais judaicos, demonstrou, como nada antes, toda a força da raiva agressiva que tornava tão inflamatório o tema da autodefinição do judeu e da lealdade aos judeus. Esse grupo, cujo abraço no passado me oferecera tanta segurança, era na realidade fanaticamente inseguro. Como concluir de modo diferente, quando diziam que todas as palavras que eu tinha escrito eram uma desgraça que potencialmente punha em perigo todo judeu? Segurança fanática, insegurança fanática — nada em minha formação exemplificou melhor do que naquela noite como o drama judaico estava profundamente enraizado nessa dualidade.

Depois de uma experiência como a da Universidade Yeshiva, um escritor precisaria negar sua vocação caso fosse buscar outra coisa para escrever. Minha humilhação diante dos beligerantes da Universidade Yeshiva — na verdade, a raivosa resistência judaica que provoquei praticamente desde o começo — foi meu lance de maior sorte. Eu estava marcado a ferro.

Agorra podemos começar, não podemos?

A casa de veraneio que May Aldridge e eu alugamos ficava numa tranquila rua asfaltada no centro de Martha's Vineyard, alguns minutos a pé do empório em West Tisbury. Era uma casa pequena e discreta, bastante confortável, embora quase todos os móveis fossem cadeiras de praia velhas e desbotadas, com exceção da cama de casal. Como as janelas não tinham cortinas quando fomos de Nova York para lá, em fins de junho de 1967, May foi de carro até uma loja barateira em Vineyard Haven e comprou tecidos para fazê-las. Mulher independente de trinta e quatro anos, cuja renda substancial provinha de um fundo fiduciário da família, ela realmente não precisava economizar com tecidos baratos de cortinas, mas como na época eu estava longe de ser rico dividíamos as despesas da casa com base na premissa de que ali viveríamos como duas pessoas de recursos modestos. May se ajustou a isso com toda a simplicidade não apenas devido a seu temperamento adaptável (ou por estarmos apaixonados), mas porque o desafio de sua vida adulta tinha sido desfazer o laço inibidor que a atrelava à condição em que nascera, na qual se encontrava enraizada e graças à qual se tornara preocupantemente vulnerável, com muito pouca confiança em sua mente boa e clara, bem como incapaz de ativar de modo sustentado os impulsos ardentes de uma natureza dócil.

May era uma mulher gentil, situada na extremidade oposta do espectro norte-americano, quando comparada a Josie. Havia sido mandada para as melhores escolas por uma família tradicional de Cleveland que alcançara enorme sucesso comercial na fabricação de tintas, assim como a distinção cívica e a proeminência social que no passado se concediam automaticamente a clãs industriais de sangue inglês. Loira de olhos verdes e esbelta, era a mulher mais linda que conheci, com uma beleza tão refinada quanto a de Josie era solidamente crua quando nos conhecemos; uma aparência tão indelevelmente estampada pelo privilégio quanto a de Josie tinha sido pela vida em sua pequena cidade provinciana. As duas mulheres possuíam tipos físicos drasticamente diferentes em razão de contextos sociais que não poderiam ser mais distintos e, como mulheres, tão divergentes a ponto de parecerem representantes de gêneros diferentes. Em cada uma, traços inatos de caráter davam a impressão de ter sido levados ao extremo dos estereótipos por algo congenitamente incapacitante em suas origens sociais. Assim, Josie, filha de um representante fracassado da classe proletária, não tinha papas na língua, era briguenta, insatisfeita, invejosa, ressentida e extraordinariamente oportunista. May durante muitos anos havia camuflado suas incertezas sob uma fachada de mocinha bem-educada, com um decoro quase sufocante. O que elas tinham em comum eram as cicatrizes infligidas pela mentalidade social que governou a educação de cada uma. O que me atraíra nelas (e muito provavelmente me fez atrativo para elas) não foi o fato de serem modelos genuínos de suas linhagens, solidamente entrincheiradas no mundo de seus pais, mas de se afastarem de modo intrigante das camadas da sociedade norte-americana que representavam tão excepcionalmente bem.

Nos cinco anos em que estivemos juntos, May jamais sugeriu que fôssemos a Cleveland ver sua família, e quando a mãe a visitava em Nova York de meses em meses, em vez de seguirmos a rotina em que eu a encontrava à noite e dormia em seu apartamento na rua 78 Leste, eu ficava em meu apartamento em Kips Bay, usado basicamente como um estúdio para escrever, quando eu não estava dando aula em universidades na Filadélfia ou em Stony Brook. Naturalmente, entendíamos que a conveniência de evitarmos o encontro com os pais dela não se devia apenas à circunstância de não sermos casados, mas também a de eu ser judeu. Nenhum de nós esperava nada de horrendo desse encontro; simplesmente não víamos razão, enquanto continuássemos solteiros, para criar tensões desnecessárias para os pais dela, que viviam a centenas de quilômetros de distância e pareciam mais que desejosos de se manter longe da vida íntima da filha. Minha curiosidade sobre como May fora criada em Cleveland não chegava nem perto do meu desejo de impedir que nosso relacionamento se complicasse por problemas com sua família. Já estava farto disso.

Certa noite convidei meus pais para virem de Nova Jersey a fim de tomarem um drinque no apartamento de May e depois jantarem fora conosco. Queria que testemunhassem como, com ela, minha vida tinha sido restaurada e simplificada. Mesmo sem saberem quão chocante fora meu casamento, eles haviam tido um bom número de indicações disso, viram o mal que me fizera e, em consequência, sofreram terrivelmente. Minha mãe, que se sentia tão reconfortada com boas maneiras e era ela própria socialmente tão cuidadosa, achou a delicadeza de May tremendamente cativante, e ficaria muito feliz se, ali mesmo, ela pudesse de alguma forma mágica substituir Josie, a quem eu parecia unido para sempre pelo estado de Nova York. Embora meu pai também tivesse gostado de May, creio que se sentiria aliviado seu eu tivesse me unido até a um canguru. Depois que me separei de Josie em 1962, ela fez uma viagem ao escritório dele e, alegando que eu não pagava a pensão alimentícia, lhe pediu dinheiro. Quando meu pai disse, corretamente, que eu *estava* cumprindo minhas obrigações legais, ela *o* destratou por *sua* irresponsabilidade.

O apartamento de May na parte norte da cidade era grande e mobiliado com conforto, sem ser decorado de modo artificial ou pretensioso. No entanto, o fato de que tudo ali refletia tão claramente o gosto tradicional de sua classe sugeria que ela permaneceria para sempre ligada de mil maneiras visíveis a suas origens, por mais que tentasse se aliar ao estilo social de meus amigos nova-iorquinos, a maioria deles judeus vindos de ambientes similares ao meu. Quanto a seus amigos, gente que ela conhecia havia anos e cujos apartamentos em certos casos ajudara a decorar, depois de algumas noitadas com eles precisei dizer a ela que, apesar de afáveis, aquelas reuniões não combinavam comigo. Acontece que ela também estava um tanto cansada delas e um dia, muito encorajada por mim, parou de decorar e redecorar aqueles apartamentos no Upper East Side e entrou na Universidade Hunter a fim de terminar sua educação universitária, interrompida em 1952, quando, com vinte anos, havia sofrido uma crise emocional na Universidade Smith, regressando para casa em Cleveland para levar uma vida infeliz, protegida e inócua de pós-debutante. Por mais que eu quisesse ajudá-la a ser uma nova mulher, de modo algum desejava que ela imitasse Josie e renunciasse ao que ela era ou que cortasse os vínculos com seu lugar de origem, mesmo que eu não me sentisse bem-vindo ou confortável lá, principalmente porque o que interessava a nós dois residia exatamente na *improbabilidade* de nossa ligação.

Embora progredisse lentamente por causa da cautela sexual que cada um de nós tinha desenvolvido ao nos aproximarmos dos trinta anos, nosso resoluto fervor físico se tornou, com o passar do tempo, uma fonte de conforto e felicidade quase enigmática. Na nudez de May havia algo ao mesmo tempo furtivo e modesto que gerava uma forma de desejo tão terno quanto ardente que eu não me lembrava de ter experimentado havia muitos anos. O corpo dela era o de uma mulher de temperamento doce que nem mesmo em seus sonhos mais remotos simularia uma gravidez ou se permitiria intencionalmente engravidar a fim de fortalecer uma situação na qual estivesse patologicamente viciada: fazer de si mesma a vítima indefesa de um carrasco impiedoso. Não havia estratégia no desejo de May; se houvesse, ela não teria sido tão enganada como foi na universidade e, depois, quando saiu de Cleveland para ir viver sozinha em Nova York, pelos astutos exploradores de jovens crédulas. Para mim, a inocência que se podia deduzir tão facilmente pelas curvas de seu corpo quanto por seu olhar oferecia uma poderosa certeza de integridade, e foi a partir daí que minha esfrangalhada virilidade renasceu e minha recuperação começou.

May e eu tivemos a ideia de alugar casas em Martha's Vineyard por dois verões seguidos devido à minha amizade com Robert Brustein, que na época lecionava artes dramáticas na Universidade de Columbia e escrevia resenhas de teatro para a *New Republic*. Bob e sua mulher, Norma, moravam durante o ano num grande apartamento no Upper East Side de Manhattan, aonde eu ia jantar com frequência quando estava sozinho em Nova York. Foi à mesa do casal Brustein que comecei a encontrar uma audiência capaz de apreciar o tipo de comédia barulhenta e temas judaicos que não se pareciam em nada com *When She Was Good*, o livro que eu estava escrevendo sobre Lucy Nelson, da cidade de Liberty Center, nos Estados Unidos da América. O espírito de meu livro seguinte, *O complexo de Portnoy*, começou a se materializar como uma diversão para Bob e Norma, assim como para os amigos deles que se tornaram amigos meus, judeus urbanos de minha geração que faziam psicanálise e eram profundamente ligados aos pais, profissionais respeitáveis que não se sentiam tolhidos por regras de boas maneiras e com um gosto bem desenvolvido pela improvisação farsesca, sobretudo por reciclar, numa exuberante mitologia cômica, valores grupais que haviam moldado nossa condição irredutível de judeus. Eram ouvintes com quem eu havia perdido contato desde que saíra de Chicago e iniciara minha vida de casado com Josie em Roma, Londres, Iowa City e Princeton — ouvintes suficientemente bem informados para discernir, nos menores detalhes, onde terminava a reportagem e começava o dadaísmo, desfrutando a sobreposição ambígua das duas abordagens. Em nada envergonhados de suas origens judaicas pouco refinadas, tranquilamente confiantes de seu status de cidadãos iguais a todos os outros, sentiam-se norte-americanos *através* da experiência de seus familiares como imigrantes, e não apesar deles, deliciando-se com a exposição deslavada das rotinas extravagantes forjadas pelo estilo de vida que todos havíamos compartilhado.

Longe de nos fazer sentir na periferia da sociedade norte--americana, as origens que tinham marcado de modo tão incisivo nosso estilo de autoexpressão nos colocavam no coração da hipercrítica e potencialmente explosiva atmosfera cultural da cidade depois da resposta irada à guerra do Vietnã. Lyndon Johnson, traindo todas as posições que o tinham diferenciado de Barry Goldwater na campanha eleitoral de 1964, havia, em apenas dois anos, se tornado alvo natural de um tipo de desprezo que nunca em minha vida tinha sido externado de forma tão veemente e em tão grande escala contra uma figura de tamanha autoridade. Sua personalidade incomum e suas políticas inspiravam os impulsos mais violentos nas pessoas que sentiam repulsa à guerra. Havia algo de espalhafatoso e de incontrolável em seu comportamento, em seu próprio físico o potencial para uma raiva mastodôntica que fez dele o promotor tanto dos abomináveis combates que dividiram a sociedade norte-americana como do conflito no Sudeste Asiático. Sempre acreditei que a presença odiosa, sombria e irrefreável dele é que tinha, ao menos no início, desencadeado o fantástico estilo de sátira obscena que começou a desafiar praticamente todas as regras consagradas de boa conduta social a partir de meados da década de 1960.

Depois de me separar de minha mulher e de me mudar de Princeton — onde, enquanto permaneci na universidade, Josie continuou morando —, o que encontrei em Nova York foram os ingredientes que inspiraram *O complexo de Portnoy*, cuja publicação em 1969 determinou todas as escolhas importantes que fiz na década seguinte. Houve aquele grupo de amigos judeus receptivos, que reagiam com um reconhecimento eufórico às minhas narrativas à mesa de jantar; houve minha intensiva psicanálise, que, realizada para costurar de volta a confiança esfarrapada por meu casamento, tornou-se ela mesma um modelo para a revelação de uma narrativa despreocupada de um tipo que eu não aprendera com Henry James; houve May, uma mulher confiável e extraordinariamente terna, muito necessitada, ela mesma, de uma afetuosa atenção e com quem, mediante um convívio bastante próximo, vivi um processo seguro e revigorante de convalescença mútua; e houve a gentileza inequívoca de May, fruto de sua educação e das características genéticas que a faziam tão imaculadamente ariana quanto eu era judeu, e as quais não lhe passaria pela cabeça, como Josie, tentar disfarçar ou renunciar. Em outras palavras, havia uma abrangente dimensão antropológica em nosso relacionamento que prenunciou o tipo de diferença tribal encontrado depois na alucinada apresentação que Portnoy faz de si mesmo.

Por fim, houve a ferocidade da retórica rebelde lançada contra o presidente e sua guerra, os ataques que a fanfarronice ardente e provinciana de Johnson inspirava e que ele próprio, com seu rico e abusado veio de desprezo linguístico, teve mais tarde de abandonar como se fugisse de um dilúvio de napalm verbal. Eu me deslumbrava com aquelas invectivas raivosas e tão potentes a ponto de atingir uma figura poderosa como Lyndon Johnson, em particular depois do longo e artificial interlúdio de autocontenção pessoal e literária que havia me imposto.

Eu tinha trinta e quatro anos no outono que se seguiu ao segundo e esplendidamente restaurador verão em Vineyard com May, por isso nunca me dei conta de como estive perto de morrer, nem mesmo quando, ao começar a sentir minhas forças voltando, perguntei ao cirurgião quanto mais do outono eu iria perder se continuasse hospitalizado. Com um sorriso de perplexidade, ele respondeu: "Será que você *ainda* não entendeu? Você quase perdeu tudo". Ouvi suas palavras, nunca as esqueci, porém jamais registrei a experiência como de eu ter quase morrido, e sim como de eu ter enfrentado e vencido a morte. Senti como se eu não precisasse voltar a me preocupar com a morte pelos próximos mil anos.

Surpreendentemente, não vi meu apendicite supurado como uma obra de Josie, talvez porque os venenos da peritonite se espalharam em meu organismo sem estarem acompanhados pelas rajadas de acusações morais dela. Foi um suplício inteiramente à parte, fruto de uma década que havia me sujeitado a uma série algo absurda de testes de força, mas decorrente sem dúvida de uma predisposição familiar contra a qual era um alívio eu não sentir nenhum antagonismo. Aquilo que havia matado dois tios meus e, em 1944, quase liquidado meu pai, tentou me matar e fracassou.

Esse é o tipo de martírio cuja afortunada superação aumenta tremendamente nosso respeito pelo papel da sorte nos destinos individuais; uma vez iniciada a fase aconchegante da convalescença, a gente flutua num sentimento de empatia com praticamente todo mundo que também teve a sorte de não morrer. Em compensação, a vida com Josie me isolara de forma bizarra num casamento que não apenas era ruim a seu modo, mas que incluía entre seus riscos a ameaça muitas vezes repetida de eu ser assassinado. Senti-me forte e bem-aventurado, como um ser humano entre seres humanos, por ter sobrevivido à peritonite; nunca cheguei a entender como suportei minha mulher e sobrevivi a ela — e não foi por falta de pensar sobre essa questão. Por anos me perguntei como eu tinha permitido que Josie acontecesse em minha vida, e transformei essas reflexões obsessivamente em ficção. Mesmo agora, enquanto escrevo isto, fica claro que ainda sou capaz de refletir sobre isso.

Todas as noites, na hora do jantar, May ia me ver no hospital; durante o dia ela tinha suas aulas na Hunter e ainda trabalhava em regime de tempo parcial para um grupo quacre de Murray, aconselhando jovens em idade de recrutamento sobre alternativas ao serviço militar. O emprego não era muito adequado a seu temperamento, porém a guerra a havia indignado de modo imprevisto. Ela não era a única cidadã norte-americana que descobrira em si o poder de se opor; no entanto, para alguém que se sentia desconfortável em assumir uma postura pública de oposição, ela não extraía grande prazer das exigências que suas convicções às vezes lhe ditavam, como telefonar para o banqueiro de Cleveland que supervisionava o fundo fiduciário dela e pedir àquele senhor superconservador e amigo da família que retirasse do portfólio dela "ações vinculadas à guerra" como as da Dow Chemical. Naturalmente, seus velhos amigos de Manhattan não resistiram a ver nessa transformação da herdeira educada e discreta, figura da alta sociedade, a sufocante influência "política" exercida por mim e *meus* amigos. É verdade que sozinha, em seu velho mundo, May Aldridge talvez não tivesse se tornado espontaneamente uma dedicada ativista contra a guerra; contudo, mais do que a minha posição, o que a influenciou foi a confiança que nosso relacionamento inspirava, gerando nela a crença de que alguém por tanto tempo atolada numa existência imutável, juntando amostras de tecido para os sofás dos outros, podia ter a esperança de ajudar a transformar, juntamente com seu próprio destino, a política bélica dos Estados Unidos. Por estar sendo chamada para a ação em praticamente todas as frentes, os últimos vestígios de sua timidez autoprotetora desapareceram quase por completo, e algo emocionantemente intenso e similar ao que eu considerava tão excitante em sua nudez fugidia transformou a placidez característica de May numa postura imperturbável, porém dotada de uma força e efusividade toda própria.

Um mês depois da minha apendicectomia de emergência, tive alta do hospital. Porém, duas semanas mais tarde, voltei a ser inesperadamente internado, dessa vez para retirar o restante do apêndice supurado que não se atrofiara e que tinha infeccionado de novo. Foram mais trinta dias até eu deixar definitivamente o hospital, tão magro como quando entrei no ginasial, mas enfim com saúde. Fui com May a uma pequena ilha na costa oeste da Flórida, durante algumas semanas, para me recuperar. Paramos para almoçar em Miami Beach, onde meus pais passavam o inverno num apartamento no mesmo conjunto residencial em que estavam hospedados vários de seus velhos amigos de Newark, seguindo depois num carro alugado para Fort Myers e, de lá, até Captiva pela estrada-ponte. Não havia muito a fazer na ilhota: passeávamos nas praias com gente idosa que apanhava conchas, observávamos os pelicanos e os golfinhos e por umas duas vezes saímos de manhã, levando um lanche, para o santuário de pássaros, onde seguimos os biguás com binóculos. Na maior parte do tempo eu me sentia entediado e nervoso, impaciente com o lazer forçado pela longa enfermidade e ansioso para voltar a escrever. Já avançara bastante no novo livro e temia perder o ritmo galopante com que o havia iniciado. Uma seção intitulada "Tocando punheta" tinha surgido na *Partisan Review*. Ted Solotaroff, que havia lançado fazia pouco a *New American Review*, tinha publicado outra seção em seu primeiro número e queria mais; meus editores na Random House, Joe Fox e Jason Epstein, tinham lido um primeiro rascunho e disseram que eu estava no caminho certo. Eu desejava retomar o trabalho, Ted desejava que eu retomasse o trabalho, Jason e Joe desejavam que eu retomasse o trabalho, mas talvez quem mais quisesse que eu terminasse o livro era Josie (por fim empregada numa editora): corria nos círculos literários de Nova York que meu próximo romance, caso fosse realmente algo na linha do que Solotaroff, Epstein e Fox vinham dizendo, faria jus a um adiantamento substancial.

Quando adoeci no outono de 1967, o pior de minha separação parecia haver terminado. Cinco anos tinham se passado desde que eu deixara Josie e, embora ela ainda se recusasse a aceitar o divórcio e planejasse tentar mais uma vez obter um aumento na pensão de cento e vinte e cinco dólares semanais, eu nunca a vira fora de um tribunal e havia muito ela não telefonava durante o dia para dizer como eu era mau ou no meio da noite, em geral depois de beber um bocado, para afirmar: "Você está na cama com uma negra!". Quando me mudei de Princeton para Manhattan, depois de finalmente me separar dela nas últimas semanas de 1962, Josie foi atrás de mim após oito meses; pretendia retomar o plano interrompido por nosso casamento — trabalhar numa editora —, enquanto, ao mesmo tempo, queria que eu a sustentasse,

150

objetivo que seria mais fácil de atingir se vivesse no mesmo estado que eu, onde as leis antiquadas de divórcio tornavam provável que, se ela assim quisesse, eu permaneceria legalmente como seu marido para sempre.

Ela também poderia saber melhor por onde eu andava se estivesse em Nova York e não em Chicago, perto de onde seus dois filhos agora estudavam em internatos pagos pela tia e pelo tio do primeiro marido dela. Por exemplo, uma noite em que Helen, sua filha de doze anos, foi visitar a mãe em Nova York nas férias de Páscoa, combinei de levar a menina para jantar e a um teatro. Enquanto esperávamos em nossos assentos que a peça começasse, recebi uma intimação judicial. Reconheci imediatamente o senhor muito cortês que a trouxe porque no passado ele já me entregara polidamente outra intimação, quando eu estava no dentista. Deixando Helen imaginar que eu já esperava receber o envelope no teatro, agradeci ao portador e o guardei no bolso do paletó. No intervalo, enquanto Helen tomava um refrigerante de laranja no saguão, fui ao banheiro e, numa cabine, abri o envelope e li a intimação. Foi difícil conter minha fúria. Convocando-me para enfrentar na justiça outro pedido de aumento de pensão, o documento poderia ter sido entregue em meu apartamento em qualquer dia da semana; eu tinha um emprego como professor universitário e, depois de meses morando em Nova York, certamente não iria fugir da cidade. No entanto, Josie fizera questão de que eu o recebesse enquanto levava Helen para se divertir, como se sua filha já não houvesse sofrido suficientemente com toda a guerra sexual que tinha visto e como se minha própria capacidade de entreter a criança não pudesse ser prejudicada pelo anúncio inesperado de uma retomada de nosso conflito.

Durante o ano em que Helen viveu conosco em Iowa City, onde eu dava aulas de redação literária na universidade estadual, servi como um pai substituto. Embora sofresse de uma carência alarmante, Helen era tão encantadora que aceitar tal responsabilidade não constituiu um sacrifício. Suas dificuldades patéticas com os estudos exigiam muita atenção, mas ela tinha um sorriso fácil e se mostrava simpática com suas melhores amigas, sendo também agradável levá-la para assistir a jogos de futebol americano da Universidade de Iowa, patinar no rio congelado ou, com a ajuda dela, varrer as folhas do gramado no outono. Josie se mostrou satisfeita quando Helen e eu começamos a ficar mais próximos, mas, com o correr dos meses e depois que a vida em família se tornou rotineira, explosões espantosas passaram a lançar uma sombra pavorosa também sobre isso. Um repentino discurso sobre a falta de integridade dos homens terminou com a advertência de que, se um dia eu encostasse um dedo na sua filha de dez anos, ela enfiaria uma faca em meu coração. Uma noite, depois de uma discussão no quarto, que se encerrou com uma dessas ameaças, esperei até que elas estivessem dormindo, recolhi todas as facas da cozinha e tranquei-as no porta-malas do carro. Bem cedo na manhã seguinte, quando Helen estava sozinha na cozinha preparando seu café da manhã, desci de roupão e a encontrei muito perturbada. "O que foi?", perguntei. "Estou me atrasando para a escola! Preciso cortar meu grapefruit e não consigo encontrar uma faca!" Fui até a garagem e lhe dei uma.

Em 1967, portanto, eu ainda estava às voltas com uma pensão que correspondia a cerca de metade do que eu ganhava; meu advogado me explicou que a pensão iria aumentar de forma proporcional a qualquer elevação substancial de meus rendimentos e que eu teria de pagá-la pelo resto da vida, a menos que Josie se casasse de novo. Para mim, a pensão era um assalto autorizado pelos tribunais, e mais irritante ainda de pagar quando, ao preencher o cheque, eu me lembrava de como o breve casamento ocorrera. Era uma história que eu não podia esquecer. Não podia esquecer por ter sido um bobalhão, e também porque a história da urina era uma das melhores que eu já tinha ouvido. Se eu fosse dermatologista, engenheiro ou sapateiro, depois de cinco anos pouco haveria, além da pensão, para ser lembrado. Porém o que me obcecava não era apenas a quantia arrancada de mim, mas a história que Josie tinha me oferecido — para alguém da minha profissão, algo bom demais para desprezar.

Na verdade, *When She Was Good* tinha como objetivo me fornecer um cenário para a história da urina, mas, depois de alguns rascunhos fragmentários e insatisfatórios, o romance tomou outro rumo e terminou como um produto imaginário. No entanto, apesar da liberdade com que foi criado, o livro se ateve ao espírito e até mesmo ao padrão das histórias narradas à mesa da cozinha nos primeiros meses de nosso relacionamento amoroso em Chicago, sobre a educação de Josie, sua juventude e primeiro casamento.

Entre 1959 e 1962, fui diversas vezes a Port Safehold, pequena cidade de veraneio na margem oriental do lago Michigan. Nessas visitas, que costumavam durar uma semana, conheci alguns dos principais personagens da história de Josie. Port Safehold poderia ser Bombaim, tal a intensidade de minha atração por ela — e isso muito antes de imaginar que um lugar como aquele serviria de pano de fundo para a triste saga de uma família gói como a dela. Eu ficava hospedado na casa do avô materno de Josie, Merle Hebert — conhecido pelos parentes como Papai Merle —, no mesmo quarto em que Josie tinha crescido depois que sua família, cujo chefe nunca fora capaz de sustentá-la, tinha ido morar com o casal Hebert. Sentado na varanda da frente com Papai Merle depois do jantar, eu o fazia falar sobre o passado e, embora ele fosse um sujeito digno e tranquilo, um carpinteiro aposentado do interior que se orgulhava de não querer mal a ninguém, quando eu perguntava por Smoky Jensen ele se via obrigado a admitir que seu genro tinha sido um desapontamento.

Naquela época, a mãe de Josie morava num pequeno apartamento perto do principal cruzamento comercial da cidadezinha, não longe do jornal onde ela trabalhava como gerente de publicidade. Ela me pareceu mais cosmopolita e autossuficiente que a mulher que Josie descrevera como vítima indefesa de seu pai, e rapidamente nos tornamos amigos. Entretanto, quando escrevi *When She Was Good*, deixei de lado minhas observações e, seguindo a narrativa de Josie — que ela instintivamente resolvera tornar mais condenatória, mais dura e melodramaticamente mais vívida —, a concebi como mãe injuriada da jovem protagonista, uma mulher imatura e totalmente *in*capaz de se defender do marido irresponsável.

O livro acabou se tornando uma máquina do tempo com a qual eu podia olhar para trás e descobrir as origens daquele hipermoralismo doentio a cujas exigências eu me comprovara tão suscetível nos meus vinte e poucos anos de idade. Pondo de lado meu tormento, eu tentava alcançar alguma compreensão daquela força destrutiva, exorcizando o poder de Josie sobre mim ao levá-la de volta ao lugar que havia originado essa força e traçando em detalhe a história que produzira danos e frustrações e, no fim, consequências terríveis. Insisto: eu não fazia isso mediante o exame de como elas tinham entrado em erupção no contexto de nosso casamento (eu não podia desperdiçar energia com isso porque estava lutando demais para me livrar dele), e sim de como teriam evoluído caso, em vez da Josie que ao menos geograficamente escapara de seu passado e fora trabalhar em Hyde Park, ela fosse uma Lucy aprisionada em sua odiosa e emocionalmente saturada cidade natal, tendo que conviver com toda aquela malta de traidores, covardes e inimigos mortais. Em *When She Was Good*, eu me aproveitava do sortilégio narrativo que a história de Josie tinha lançado com tanto sucesso sobre minha força de vontade, uma provação sofrida por eu ter tomado como verdade absoluta a história repulsiva da vítima, porém amplificando-a com uma compreensão tardia e a duras penas conquistada da deformação interior sofrida pela própria vítima — talvez ainda mais grotesca que qualquer outra, conduzindo de forma inescapável à sua autodestruição. A morte pavorosa de Lucy no final de *When She Was Good* não foi um desejo inconsciente nem uma vingança do autor. Simplesmente não vi como a desintegração de alguém maltratada de forma tão incansável, com tantos inimigos e tão imperdoavelmente desafiadora, poderia levar, naquela cidadezinha, a outra coisa que não o manicômio ou a sepultura.

Em abril de 1968, eu era praticamente o único cliente jantando cedo no restaurante Ballato's, na Houston Street, quando o rádio anunciou que Martin Luther King tinha levado um tiro. O proprietário, meu falecido amigo John Ballato, um cavalheiro gentil nascido na Sicília e antigo líder sindical no bairro Little Italy, em Nova York, deu um murro na mesa à qual estávamos sentados. "Esses filhos da puta!", disse John com raiva, os olhos marejados de lágrimas. "Cachorros!" Fui até o telefone e liguei para May, que estava trabalhando até tarde no Quaker Center. Combinamos de nos encontrar no apartamento dela, onde, sentados na cama, ficamos assistindo seguidamente ao noticiário de Memphis, que não se cansava de ser hediondo e real por mais vezes que o víssemos. Telefonei para amigos. Telefonei para meu pai. "Newark vai explodir", ele disse, "espere só para ver." Ficou repetindo isso, e sem dúvida tinha razão. Vendo os clipes dos maiores momentos públicos de King, May de vez em quando começava a chorar. Eu não — apesar de toda a força de King, a quem eu nunca encontrara, ele sempre me pareceu uma pessoa distante, quase incaracterística, sua autodefinição moral do tamanho de uma montanha e não de um homem. Por isso, o que sua morte provocou em mim não foram lágrimas de compaixão e dor, mas premonição e medo: aquele crime chocante iria causar um desastre social inimaginável.

Quando Bobby Kennedy foi assassinado poucos meses depois, May e eu estávamos assistindo aos comentários sobre as eleições primárias da Califórnia, por isso soubemos de sua morte segundos depois do fato. Eu subscrevera anúncios em favor da candidatura de Eugene McCarthy à presidência pelo Partido Democrata e tinha comparecido a alguns encontros, porém no verão anterior May e eu havíamos gostado muito de um jantar com Kennedy em Martha's Vineyard, na casa de Dick Goodwin, que escrevia seus discursos e que ficáramos conhecendo em Vineyard. Naquela noite, Kennedy esbanjou energia e charme, talvez se divertindo mais do que as dez pessoas que estavam em volta da mesa. Sem dúvida se divertiu ao fazer perguntas para May, sentada a seu lado, sobre a alta sociedade de Cleveland, enquanto a cumulava de galanteios. Ao final do jantar, numa voz suficientemente alta para que eu ouvisse, ele perguntou: "E o sr. Roth vai se casar com você?". May sorriu e respondeu: "Vamos ver". "Sr. Roth", ele disse, me lançando aquele sorriso tão especial quanto o de Franklin Roosevelt e carregado do mesmo tipo de fanfarronice, "o senhor pretende se casar com essa mulher?" "Depende, senador, de eu conseguir me divorciar em seu estado da mulher com quem já estou casado." "E", Kennedy retrucou, "você gostaria que eu desse uma olhada nisso, não é verdade?" "Eu diria que sim. Nem é preciso dizer que eu saberia lhe agradecer." Então o senador Kennedy, dando uma gostosa baforada em seu charuto, voltou-se para um de seus assessores legislativos e disse para que ele se informasse sobre como obter um divórcio para o sr. Roth, a fim de que ele se casasse com a srta. Aldridge o mais cedo possível.

Como ele era uma figura política construída num tamanho humano, na noite de seu assassinato e nos dias que se seguiram o que se viu não foi a eliminação violenta de uma força monumental que lutava por justiça e mudanças sociais como King, a corporificação poderosa das imensas desgraças de um povo ou um gigante de potência religiosa, mas de um rival — um irmão vital, imperfeito, irritável, egotista, competitivo e talentoso, capaz de ser tão sórdido quanto decente. O assassinato de um político com ar jovial de quarenta e dois anos, um homem visivelmente ambicioso e viril, era um crime tanto contra a esperança humana como contra os chamamentos da carne: vindo na esteira dos assassinatos do presidente Kennedy, aos quarenta e seis anos, e de Martin Luther King, aos trinta e nove, evocava as formas mais simples e familiares de desespero.

Entre os assassinatos de Martin Luther King e de Bobby Kennedy, Josie também sofreu uma morte violenta. A morte foi instantânea, nas primeiras horas de um dia de maio, quando o carro em que ela atravessava o Central Park perdeu a direção e bateu numa árvore, num poste de iluminação ou num anteparo de concreto — ninguém que falou comigo parecia saber exatamente como e onde a colisão ocorreu. O motorista era um editor que tinha sido chefe de Josie e que, pelo que entendi, a tinha despedido fazia pouco tempo. O fato de ele ser negro me fez lembrar dos telefonemas em que, depois de eu me mudar de Princeton para um hotel em Nova York, ela me acusava no meio da noite, bêbada, de eu estar com uma "negra". Essa recordação, contudo, não me ajudou a entendê-la melhor. Lembrei que a mulher grávida de quem ela havia pegado a urina também era negra — seria essa a mulher que Josie imaginava estar na minha cama em Nova York? Só os deuses da paranoia tinham resposta para isso.

O editor escapou sem nenhum ferimento grave e apareceu no funeral com um pequeno curativo acima de um olho, embora desse a impressão de ainda estar confuso e chocado. Apenas trocamos um aperto de mãos ao sermos apresentados; achei mais conveniente não demonstrar curiosidade pelo acidente, porque diversas pessoas que estavam na cerimônia — gente do grupo de terapia de Josie que conhecia de trás para a frente a história do meu sadismo — já deviam estar cogitando se de algum modo eu não teria sido cúmplice em sua morte. Nem o editor, naquele momento ou depois, deu a menor indicação de querer falar comigo sobre as circunstâncias do acidente. Na verdade, depois de nosso aperto de mãos no funeral nunca mais vi ou ouvi falar do meu libertador, do homem que pôs fim a meu casamento eterno, extinguindo todas as responsabilidades que ela e o estado de Nova York alegavam me caber.

Teria sido absurdo para mim pensar que em *When She Was Good* pressenti a morte de Josie, ocorrida em circunstâncias totalmente diferentes das de Lucy Nelson e resultante de um acidente em que a vontade dela não exerceu nenhum papel, enquanto a decisão enraivecida de Lucy a fez morrer congelada na neve. Entretanto, um ano depois da publicação de *When She Was Good*, ao receber a notícia de sua morte fiquei de início chocado com a estranha superposição entre o final do livro e o fato real. Também custei a acreditar que a vontade de Josie não tivesse desempenhado alguma função no acidente, provavelmente porque nunca esqueci como, durante uma discussão no trajeto entre a Itália e a França no final da primavera de 1960, ela tinha tentado furiosamente tomar o volante e nos matar enquanto eu seguia para o norte, através das montanhas, em nosso pequeno Renault. Todavia, jamais saberei se as circunstâncias reais de fato "validaram" o destino fatal daquela personificação do radicalismo desafiador de Josie que apresentei na figura de Lucy Nelson. Mas que diferença faria se eu soubesse?

Nessa época, a filha de Josie deixara o internato na região de Chicago e, com dezessete anos, tinha ido morar com a mãe em

Nova York, onde frequentava uma escola pública na qual, por suas veementes opiniões contra a guerra, era conhecida como Hanói Helen, segundo me contou um amigo meu que morava na mesma rua que elas. Foi Helen quem telefonou para meu apartamento no sábado bem cedo, quando eu tinha acabado de me sentar para trabalhar depois de vir da casa de May. Como Peter Tarnopol numa situação quase idêntica em *Minha vida de homem*, não acreditei quando ela contou que Josie tinha morrido. Era quase impossível imaginar que Helen — com quem meu relacionamento, apesar de afetuoso, era agora mais o de um tio que o de um pai preocupado — pudesse se unir de forma consciente a Josie num embuste tão grotesco. No entanto, como eu já tinha sido enganado por minha mulher mais de uma vez, minha resposta imediata foi de descrença absoluta: tratava-se de um truque, pensei, para me obrigar a dizer algo incriminador, que seria gravado e utilizado contra mim para convencer o juiz a aumentar o valor da pensão no próximo comparecimento aos tribunais. Também naquela época eu não acreditava que milagres acontecessem, que meu pior inimigo, cujo desaparecimento eu tanto desejara e pelo qual tanto rezara, pudesse sumir de repente num acidente de carro e, ainda mais, no Central Park, onde May e eu, junto com dezenas de milhares de pessoas, pouco antes havíamos participado de manifestações contra a guerra e onde fazíamos nossas longas caminhadas dominicais. Tudo que eu havia feito na noite anterior foi fechar os olhos e dormir, e agora tudo tinha acabado. Quem seria ingênuo o bastante para engolir isso? Teria sido apenas ligeiramente mais incrível (porque esteticamente simétrico) se eu tivesse recebido a notícia de que ela tinha levado uma pancada mortal na cabeça no Tompkins Square Park, no mesmo lugar em que comprara a urina nove anos antes.

Pedi a Helen que repetisse devagar o que acabara de dizer. Quando ela disse: "Minha mãe morreu!", perguntei com ceticismo: "E onde ela está agora?". Sua resposta foi vívida o suficiente para abalar minha autoprotetora incredulidade. "No necrotério", ela respondeu, começando a chorar. "Você vai ter que fazer o reconhecimento do corpo, Philip — eu não consigo!" Em poucos minutos cheguei ao apartamento da West Twenties, onde Helen estava acompanhada por uma das melhores amigas de Josie. Espalhadas pelo apartamento, que, claro, eu não conhecia, havia coisas familiares de todo tipo que adquirimos durante nosso casamento, na maioria objetos de arte pequenos e baratos que havíamos trazido da Itália depois que passei um ano lá com a bolsa da Guggenheim. Eu não conseguia tirar os olhos das prateleiras de livros — tinha ocorrido uma disputa bastante emocional diante do juiz sobre quais livros eram de quem, depois da qual, segundo a sábia decisão do magistrado, os romances de segunda mão da Modern Library, que eu comprara como aluno universitário por vinte e cinco centavos cada um, foram divididos em partes iguais. Tinha me esquecido deles (quase) até reconhecer alguns na estante da sala de visitas — e mais uma vez, apesar da presença da amiga de Josie e da óbvia tristeza de Helen, tive a impressão de que algum truque estava sendo encenado, loucamente excessivo, talvez macabro, mas que me obrigava a tomar cuidado com qualquer palavra que eu dissesse. Num estado similar ao choque, continuava acreditando que ela não estava morta coisa nenhuma, mas agachada atrás da porta do quarto ao lado, com seu advogado e talvez até com o juiz. *Está vendo como ele se diverte com isso, Meritíssimo? É exatamente como eu lhe disse — o coração dele é de pedra!*

Como ela podia estar morta se eu não tinha feito aquilo?

Helen perguntou de novo se eu podia ir ao necrotério. Eu disse que achava que não cabia a mim identificar o corpo, que havia muita gente capaz de fazer isso além de nós dois; no entanto, se ela quisesse, eu providenciaria o funeral. Logo depois me pus a caminho da casa funerária Frank Campbell, na esquina da Madison Avenue com a rua 81. Naquele tempo, eu não andava de táxi em Nova York, e ia pegar o metrô quando me dei conta de que não precisava mais economizar como tinha feito até a véspera, quando dividia com ela meus rendimentos. Esse foi o primeiro resultado tangível de eu não estar mais casado com Josie — eu podia ir de táxi para a funerária providenciar o enterro dela. A corrida da West Twenties para a funerária não durou mais que uns dez minutos naquela manhã de sábado. Em frente à Campbell, quando fui pagar o motorista, ele se virou e sorriu para mim: "Recebeu a boa notícia bem cedinho, hem?". Fiquei atônito com o que ele disse e, mais tarde, fui obrigado a concluir que, pertencendo a uma família de assobiadores irreprimíveis, eu devia ter assobiado durante todo o trajeto — de que outro modo ele poderia ter sabido?

Segundo Helen, Josie havia dito que, quando morresse, queria um enterro judaico, portanto um enterro judaico foi o que ela teve. Havia uma certa suavidade em estar no escritório do gerente da funerária com o rabino, escolhendo os salmos que ele leria, sobretudo (por razões tão compreensíveis quanto ela ter partido desta vida enquanto corria um processo judicial) por se tratar de um dos rabinos de Nova York que tinham declarado publicamente que eu era uma ameaça aos judeus. Não cheguei a ponto de usar solidéu na cerimônia, mas, se o rabino tivesse me pedido, eu teria deixado de lado minhas convicções laicas em respeito às crenças da falecida. Quando vi o caixão, eu disse a Josie: "Você morreu sem que eu precisasse fazer isso". Ao que a judia morta respondeu: "*Mazel tov*". Quer dizer, eu respondi por ela. E fiz isso porque ela nunca mais voltaria a me responder nada e eu nunca mais teria que responder nada a ela nem a nenhuma intimação dela — isto é, fora da ficção. Ela estava morta, eu não havia feito aquilo, mas ainda iriam se passar muitos anos de tentativas fra-

cassadas até eu deixar de ser contaminado pela minha ira e aprender a usar o ódio por ela como um tema objetivo, em vez de permitir que ele ditasse todas as minhas ações. *Minha vida de homem*
provou ser muito menos minha vingança contra ela do que, em
vista dos problemas insuperáveis que apresentou, a vingança dela
contra mim. Escrever esse livro significou criar um falso começo
depois do outro e, ao longo dos anos que levei para terminá-lo, ele
quase me destruiu. No entanto, a única experiência pior do que
escrevê-lo teria sido suportar aquele casamento sem mais tarde
haver sido capaz de encontrar um meio de reinventá-lo numa ficção com uma existência convincente e independente de mim.

Na verdade, não fosse por sentimentos residuais de responsabilidade com Helen e seu irmão, Donald — que, com dezoito anos,
terminava o ginásio num internato e viera de Chicago com o pai e
a tia do pai para o funeral —, eu teria considerado muito inapro-
priado comparecer à cerimônia na Campbell, e menos ainda pre-
tender sugerir a qualquer pessoa lá presente que meu coração era
feito de algo *mais* do que pedra. Eu sentia exatamente o que ela me
dizia que eu era desde que nos separamos pela primeira vez em
Chicago em 1956. Sua necessidade inextirpável de ter como com-
panheiro um monstro sem consciência e sem compaixão tinha por
fim se realizado: eu não sentia nada mais do que um alívio inco-
mensurável pela morte de Josie aos trinta e nove anos.

Helen e Donald sentaram-se entre mim e o pai deles, o téc-
nico de uma emissora de rádio do interior que Josie começara a
namorar como aluna do ginásio depois que ele voltou para casa
após servir no Exército em meados da década de 1940. Embora
ele tenha se comportado educadamente no funeral, sem dúvida
não tinha razão para gostar muito de mim, pois fui eu quem, com
apaixonado zelo moral, o processara quando Josie e eu voltamos
de Roma no outono de 1960 e descobrimos que os dois filhos
dela, que supostamente deveriam morar com o ex-marido e sua

nova mulher, viviam apenas com ele num subúrbio ao sul de Illinois, já que sua companheira o havia abandonado enquanto estávamos no exterior. O plano arquitetado para resolver o problema, e que só pôde ser executado por decisão judicial, implicou entregar a Josie a custódia parcial das crianças, fazendo com que Donald fosse para um internato particular (para cujas despesas eu contribuiria com alguma coisa) e Helen fosse morar conosco em Iowa City, onde eu tinha arranjado emprego como professor universitário na oficina de escritores.

Eu me lançara com toda a energia — e com minhas pequenas reservas financeiras — na batalha judicial que se seguiu, com frequência telefonando e escrevendo para nosso advogado em Chicago a fim de repassar os pormenores do caso e fazer o possível, nos feriados e fins de semana em que as crianças visitavam Iowa City, para ganhar a confiança delas com os novos planos, aos quais seu pai continuava a se opor vigorosamente. Estávamos também preparando tudo para que passassem o verão conosco em Amagansett, Long Island. Achei não apenas que esses arranjos seriam bons para Helen e Donald, que estavam atrasados na escola e prestes a testemunhar outro rompimento conjugal, mas que a preocupação com o bem-estar dos filhos poderia de alguma forma mitigar o incansável desespero de Josie. Foi o tipo de operação que, embora difícil, pôde nascer com naturalidade num casamento forte e harmonioso; num casamento como o nosso, impossível de ser salvo antes mesmo de começar, as necessidades patéticas dos filhos infelizes dela apenas me forneceram os meios de voltar a mobilizar as forças que nos haviam unido loucamente no início. Meu senso de obrigação pessoal, inexplicável e desastrosamente confuso foi mais uma vez ativado pelo ruinoso passado dela, tão caótico em termos emocionais.

Em 1975, um repórter de um jornal da comunidade judaica de uma cidade do Meio-Oeste descobriu que meu "afilhado"

— tal como Donald foi erroneamente descrito no longo artigo "Papai Portnoy: Philip Roth como pai adotivo" — era um jovem motorista de caminhão, recém-casado, que vivia num bairro de proletários da região. Donald foi retratado como um jovem enérgico e seguro de si, interessado em problemas sociais e dono da franqueza direta e agradável que costuma caracterizar um bom líder comunitário, papel que desempenhava nas horas vagas. Donald lembrou corretamente ao entrevistador que nosso relacionamento havia sido afável e sempre educativo — nas palavras dele, muito "positivo": "Devo dizer que, se não fosse pela influência que Philip teve em minha vida naquela época, eu poderia estar na cadeia agora". Lembrava-se de que eu lhe dera livros para ler, que o ajudara em certo verão em que ia prestar os exames de admissão ao ginasial e que também lhe ensinara um pouco de história da Europa quando ele, inocentemente, havia feito comentários infantis, embora irritantes para mim, sobre a relação entre nazistas e judeus na Segunda Guerra Mundial. Seu único lapso de memória importante teve a ver com o funeral de Josie: ele disse — quando o repórter lhe perguntou — que eu não tinha comparecido.

Na realidade, eu estava a um assento de distância dele e, na manhã seguinte ao funeral, o levei para tomarmos café da manhã no velho Hotel Biltmore, onde conversamos sobre seus planos de cursar a universidade. Ele voltou para casa com o pai naquele dia e nunca mais o vi de novo, até o repórter enxerido enviar a entrevista com o afilhado de Portnoy, oferecendo, numa carta em anexo, a oportunidade de eu me "expressar sobre os assuntos tratados no artigo". Vieram também, além das fotografias reproduzidas no *Daily News* de Nova York de mim e de Josie no prédio da Corte Suprema da cidade durante o processo de separação em 1964, um retrato de Donald com vinte e poucos anos de idade, de bigode e boné, ao volante de sua caminhonete.

Terminado o café da manhã com Donald e antes de eu voltar a meu apartamento em Kips Bay — para o ponto, em meu manuscrito, em que o telefonema de Helen me interrompera —, caminhei até o Central Park e tentei encontrar o local onde o carro teria se chocado, matando-a. Era uma manhã esplendorosa de primavera, e me sentei na grama perto do lugar do acidente por uma hora, com a cabeça erguida para receber todo o sol no rosto. Gostem ou não, foi isso que fiz: me vangloriei de minha carne viva ao sol. "Ela morreu e você não", e para mim isso resumia tudo. Sempre soube que um de nós precisaria morrer para que a porra daquela coisa chegasse ao fim.

Poucos dias depois do funeral, praticamente de um dia para o outro providenciei tudo para me hospedar em Yaddo, a colônia de artistas de Saratoga aonde eu costumava ir para passar longos períodos escrevendo, no intervalo entre os dois semestres e no verão, sobretudo antes de conhecer May e logo depois de voltar para Nova York, onde eu morava sozinho num apartamento sublocado e com decoração espalhafatosa, empenhado na batalha da pensão e mal conseguindo me concentrar em qualquer outra coisa. O ônibus que saía da Port Authority Terminal constituía parte importante do ritual furtivo e satisfatório de escapar de Manhattan para o refúgio de Yaddo. Por isso, em vez de alugar um carro, o que seria mais condizente com minha nova e despreocupada atitude de andar de táxi em Nova York, fui para o terminal vestindo minhas roupas velhas e peguei o ônibus rumo a Adirondack, na direção norte, relendo durante a longa viagem o rascunho dos últimos dois capítulos de meu livro. Em Yaddo, onde só havia outros sete, oito hóspedes, descobri que minha imaginação estava a todo vapor: trabalhei solidamente numa cabana distante entre doze e catorze horas por dia até terminar o livro e, ao tomar o ônibus de volta, me sentia triunfante e indestrutível.

165

A ameaça da família Roth, a peritonite, não tinha conseguido me matar, Josie estava morta sem que eu tivesse feito nada para isso e um quarto livro, diferente de todos que eu escrevera em termos de exuberância e concepção, havia sido terminado num arroubo de trabalho pesado. O que tinha começado como uma versão "envenenada" e semifalsificada de um monólogo analítico que eu mesmo poderia ter pronunciado, ao ir aos poucos mais e mais divergindo de mim, foi se transformando numa contra-análise cômica em grande parte graças a seu crescente exagero e à condição curiosamente mítica proporcionada pela invenção farsesca de uma trindade nada santa de pai, mãe e filho judeus. Sem o empecilho da lealdade a fatos e pessoas reais, era mais divertido, mais vívido e mais bem-proporcionado que minha própria análise, embora não cuidasse de minhas dificuldades pessoais. Era um livro que tinha menos a ver com "libertar-me" de minha condição de judeu ou de minha família (o objetivo postulado por muitos, convencidos pelos eventos relatados em *O complexo de Portnoy* de que o autor tivera problemas com ambas) do que livrar-me dos modelos literários de um aprendiz, em particular da impressionante autoridade de Henry James sobre um estudante universitário (seu romance *Retrato de uma senhora* tinha me servido de verdadeiro manual nas primeiras versões de *Letting Go*), e do exemplo de Flaubert, cuja ironia emocionalmente fria diante das ilusões desastrosas da mulher do interior me havia feito folhear obsessivamente *Madame Bovary* nos anos em que eu procurava um poleiro de onde observar os personagens de *When She Was Good*.

Na minha cabana de Yaddo, dei a última palavra balbuciante do livro ao silencioso analista diante do paciente que se fazia desesperadamente de palhaço. A fala de uma só frase tinha como objetivo não apenas apor um duvidoso selo de autoridade sobre as liberdades narrativas indecorosas e não jamesianas, mas representar uma ironia secundária e mais pessoal para mim, tanto como instrução esperançosa quanto como mensagem de congratulações: "*Então* [disse o doutor], *agorra podemos começarr, não?*".

Quando voltei para Manhattan, Candida Donadio, minha agente literária, telefonou para Bennett Cerf, presidente da Random House, e em poucas horas tínhamos concordado com os termos do contrato que me garantia um adiantamento de duzentos e cinquenta mil dólares. Depois de pagar dez por cento para Candida e (suando muito enquanto preenchia os cheques) outros setenta por cento para meu contador, por conta de impostos trimestrais para a cidade de Nova York, o estado de Nova York e o Imposto de Renda, ainda sobrou um saldo em minha conta bancária que era umas cem vezes superior ao que eu já tivera em toda a minha vida. No dia seguinte, emiti cheques para pagar uns oito mil dólares em dívidas e comprei duas passagens de primeira classe para mim e para May no transatlântico de luxo *France*; planejávamos alugar um apartamento em Londres no verão e um carro para visitar o interior e as catedrais inglesas. Como May disse que eu iria precisar de um smoking para comer meu caviar no navio, fomos ao elegante Barney's da rua 17 comprar um. Ela sorriu quando experimentei a roupa e, meio a sério, disse: "Vestido assim eu podia te levar pra Cleveland". "Claro", respondi, "íamos deixar eles embasbacados no country club. Especialmente depois que meu livrinho sair." Essa foi a primeira e última vez que ela falou de me levar a Cleveland.

A travessia foi uma divertida festa à fantasia, para a qual até a revista de bordo contribuiu, publicando uma fotografia minha com May em trajes de noite, na qual éramos identificados como "sr. e sra. Philip Roth". Só quando desembarcamos e ocupamos uma suíte no Ritz de Londres, de onde começaríamos a procurar um apartamento para alugar, a agitação teve início. Em meu primeiro encontro com uma jovem e atraente jornalista que o editor inglês arranjara para me entrevistar, convidei-a para passar o resto da tarde num hotel comigo, o que ela recusou de forma muito educada. Encomendei roupas em três alfaiatarias de renome, seis ternos de que eu não precisava e que, depois de provas infinitas e chatíssimas, nunca me caíram bem. Visitamos aldeias antiquadas e famosas, caçamos as igrejas anglo-saxônicas mais velhas, trepamos na frente de um espelho enorme no quarto do apartamento que alugamos, e o que eu vi no espelho não prendeu mais minha atenção do que as aldeias antiquadas e as velhas igrejas. Na televisão inglesa assisti à polícia do prefeito Daley perseguir os yippies pelas ruas de Chicago e outras pessoas presentes à convenção do Partido Democrata, enquanto eu me perguntava que diabo estava fazendo ao tentar em vão me divertir no exterior, quando a turbulência da década de 1960 nos Estados Unidos, que dera cor tanto à minha ficção quanto à minha vida, parecia finalmente entrar em ebulição. Caminhei à toa pela Curzon Street uma manhã e contratei uma prostituta chinesa. Mais tarde, May e eu fomos visitar a Catedral de Salisbury, mas só depois de eu dar uma parada na famosa alfaiataria de Dougie Hayward, a fim de consertar duas calças de terno que ainda estavam com as entrepernas justas demais, como então era moda.

Se eu e May tivéssemos voltado e alugado uma casa modesta nas ruas de trás de Martha's Vineyard, deixando que dentro dos limites daquela ilha agradável e que nos era familiar as mudanças maciças se fizessem sentir lentamente em meio a amigos queridos, talvez eu não sentisse de forma tão absurda *minha* turbulência, os violentos distúrbios de quem se vê praticamente renascido. Uma festança no *France* ou no Ritz, uma hora no Hilton com uma profissional do tipo mignon nascida em Hong Kong, embora simbolicamente adequadas e momentaneamente agradáveis, não tinham muito a ver com a ressurreição pessoal que me parecia prometida pela surpreendente aniquilação de minha nêmesis, pela violenta dissolução de um casamento escravizante e pela iminente publicação, com grande tiragem, de um livro marcado por um estilo e um tema que, enfim, eram claramente meus. Tudo que fiz naquele verão na Inglaterra foi roer ridiculamente a carapaça de restrições que tinham me mantido subjugado por todos aqueles anos em que eu me insurgira de forma impotente contra os ultimatos de Josie e, mediante um processo irritante de tentativa e erro, testava meus recursos inexplorados de romancista.

Ao voltarmos para os Estados Unidos em setembro, eu havia resolvido viver sozinho. Agora que no estado do falecido senador Kennedy era possível me casar com May (ou com quem eu quisesse), a ideia se tornara intolerável: eu não me permitiria ser encilhado imediatamente por outra certidão de casamento. O fato de que May, dentro do casamento ou fora dele, não tivesse o menor potencial para se comportar como Josie era irrelevante. Eu simplesmente não podia esquecer do dia para a noite aquilo que anos de disputa judicial tinham me ensinado, ou seja, a jamais, *jamais* mesmo, entregar de novo ao Estado e ao judiciário o poder de decidir com quem eu deveria estar mais profundamente comprometido, de que modo e por quanto tempo. Eu não conseguia me imaginar outra vez como um marido sujeito, em última análise, aos mecanismos punitivos das autoridades; e, apesar da pouca experiência paterna que tive como tutor em regime de tempo parcial, ajudando os filhos de Josie a ler e escrever, senti que também não poderia ser pai naquelas condições. As intimações, os depoimentos, as inquisições no tribunal, as disputas de bens, a cobertura jornalística, as custas judiciais — tudo tinha sido muito doloroso e humilhante e se prolongado por tempo demais para que eu, voluntariamente, me tornasse de novo o joguete daqueles imbecis morais. Mais: eu, então, não queria nem mesmo me sentir preso pelo que tinha sido o bálsamo compensatório da minha herança de ódio conjugal, a lealdade adorável de

May Aldridge. Em vez disso, estava decidido a ser um homem totalmente independente e autossuficiente — em outras palavras, a recapturar, doze anos depois e com trinta e cinco anos, aquele senso estimulante e audacioso de liberdade pessoal que levara o intimorato professor de redação literária, numa noite de outono de 1956, a se aproximar jubilosamente, numa rua de Chicago, com seu terno novo comprado na Brooks Brothers e sem a menor ideia de que poderia estar arriscando a vida, de uma loura divorciada do interior que tinha duas crianças pequenas sem pai, a ex-garçonete pobretona na qual ele tinha reparado ao lhe servir cheeseburgers quando era aluno universitário e ela lhe parecera a mais típica garota dos Estados Unidos, embora atraentemente em conflito com suas origens.

Caro Roth,

Li o manuscrito duas vezes. Aqui vai a franqueza que me pediu: não publique, você faz muito melhor escrevendo sobre mim do que relatando "com exatidão" sua própria vida. Talvez você tenha tornado a si mesmo tema de livro não porque esteja cansado de mim, mas por acreditar que não sou mais alguém através do qual pode se separar de sua biografia ao mesmo tempo que explora suas crises, temas, tensões e surpresas. Será isso? Bem, com base no que acabei de ler, eu diria que você ainda necessita tanto de mim quanto eu de você — e que preciso de você é inquestionável. Falar eu mesmo de algo "meu" seria ridículo, por mais que se tenha criado a ilusão de que possuo uma existência independente. Devo tudo a você, enquanto você me deve nada menos que a liberdade de escrever sem amarras. Sou sua permissão, sua indiscrição, a chave para a revelação. Compreendo isso agora mais do que nunca.

O que você escolhe para contar na ficção é diferente do que se permitiu dizer quando nada estava sendo inventado, e neste livro você não se permitiu dizer o que diz da melhor forma: com amabilidade, discrição e cuidado, mudando o nome das pessoas por se preocupar em não ferir seus sentimentos — não, isso não é o mais interessante que há em você. Na ficção, você pode ser muito mais verdadeiro sem se preocupar o tempo todo em causar dor diretamente. Aqui você tentou fazer passar por franqueza o que mais me parece uma dança dos sete véus — o que há nestas página é como um código para algo que está faltando. A inibição se mostra não apenas como uma relutância em dizer certas coisas, mas, o que é igualmente decepcionante, como uma redução do ritmo, uma recusa em alçar voo, uma renúncia à necessidade que em geral associo a você de momentos agudos e explosivos.

No que tange aos personagens, você, Roth, é o protagonista descrito de forma mais incompleta. Seu dom não consiste em personalizar sua experiência, e sim em personificá-la, incorporar nela a representação de uma pessoa que *não* é você mesmo. Você não é um autobiógrafo, você é um personificador. Você tem a experiência oposta à da maioria de seus contemporâneos norte-americanos. Seu conhecimento dos fatos, sua percepção dos fatos são muito menos desenvolvidos que a compreensão, a ponderação e o equilíbrio intuitivos que transparecem em sua ficção. Você cria um mundo ficcional muito mais excitante que o mundo do qual ele foi extraído. Meu palpite é que você escreveu metamorfoses de si próprio tantas vezes que não tem mais ideia do que *você* é ou do que já foi. A esta altura você é um texto ambulante.

A história de sua educação tal como narrada aqui — sair para o mundo deixando para trás o pequeno círculo e apanhando para aprender — certamente não me impressiona como sendo mais densa ou acidentada que a história de minha própria formação, exceto, óbvio, pela provação conjugal. Você assinala que algo similar a essa experiência se tornaria mais tarde o destino de meu infeliz antecessor, Tarnopol; sou muitíssimo grato por isso, embora, no tocante à oposição de judeus a meus escritos, eu teria desejado que, como no seu caso, minha atividade profissional não tivesse me posto em conflito com minha família.

Pergunto-me se você tem alguma ideia do que significa ser repudiado por um pai moribundo por causa de algo que escreveu. Posso lhe assegurar que não há equivalência entre isso e *cem* noites de tortura na Universidade Yeshiva. A condenação que sofri de meu pai sem dúvida lhe proporcionou a oportunidade de dramatizar ao máximo uma cena no leito de morte de um judeu; isso deve ter se provado irresistível para alguém com seu temperamento. No entanto, sabendo o que sei sobre o entusiasmo de seu pai por seus primeiros contos e sobre o orgulho que tinha ao vê-los publicados, eu me sinto, de maneira adequada ou não, enciumado, ludibriado, explorado. Também não se sentiria assim? Não ficaria ao menos ligeiramente perturbado em saber, por exemplo, que Josie lhe havia sido infligida por razões artísticas, que a justificativa de seu sofrimento decorreu apenas das exigências de um romance que nem era de sua autoria? Você ficaria furioso, mais furioso até do que ao pensar que ela lhe fora imposta pelo acaso.

Mas estou preso para sempre naquilo que você fez de mim — um jovem escritor sem apoio dos pais. Se você foi o que afirma ter sido, isso é outra questão, e merece ser investigada. O que alguém escolhe revelar na ficção é determinado por um motivo fundamentalmente estético; julgamos o autor de um romance pela qualidade que demonstra ao contar uma história. Mas julgamos moralmente o autor de uma autobiografia, cuja motivação é sobretudo ética e não estética. Quão próxima a narração é da verdade? Será que o autor está escondendo seus motivos, apresentando seus atos e pensamentos a fim de desnudar a natureza essencial das situações ou tentando ocultar alguma coisa, dizendo com a intenção de *não* dizer? De certo modo, sempre dizemos com a intenção também de não dizer, porém se espera que o historiador pessoal resista ao máximo ao impulso natural de falsificar, distorcer e negar. Esse é realmente "você" ou o que você deseja parecer a seus leitores aos cinquenta e cinco anos? Você me diz em sua carta que o livro dá a impressão de ser o primeiro que escreveu de forma "*inconsciente*". Isso significa que *Os fatos* é uma obra de ficção inconsciente? Que você não tem consciência dos truques de ficção dela? Pense nas exclusões, na natureza seletiva do trabalho, na própria atitude de encarar os fatos. Será toda essa manipulação de fato inconsciente ou ela apenas finge ser inconsciente?

Acho que sou capaz de entender o plano aqui, apesar de me opor a que o livro seja publicado. Em ensaios um pouco autônomos, cada qual de uma área diferente em que você lutou contra alguma coisa, você está se recordando daquelas forças do começo de sua vida que deram à sua ficção o caráter que ela tem hoje, refletindo também a relação entre o que acontece na vida e o que acontece quando você escreve sobre ela — quão próximo é às vezes da vida, quão distante é outras vezes. Você vê a sua escrita evoluindo com base em três coisas. A primeira, o trajeto da Weequahic judaica para a sociedade norte-americana. Esse negócio de poder ser americano foi sempre problemático para a geração de seus pais, e você sentiu a diferença de como aconteceu com você e os que o precederam — uma diferença que não teria sido uma condição, por exemplo, na evolução artística do jovem James Jones. Você desenvolveu a autoconsciência de alguém confrontado com certas escolhas para se elevar acima de um grupo étnico. Essa sensação de pertencer aos Estados Unidos se mescla de maneiras diversas com sua personalidade. A segunda foi o tremendo choque do envolvimento com Josie e a consciência que isso lhe provocou sobre suas fraquezas internas como homem. A terceira, até onde posso ver, foi sua reação ao mundo maior, começando com a percepção do menino sobre a Segunda Guerra Mundial, sobre a Metropolitan Life, sobre a Newark gói, culminando com a turbu-

174

lência da década de 1960 em Nova York, em particular os protestos contra a guerra do Vietnã. O livro todo parece conduzir ao ponto em que essas três forças de sua vida se cruzam, produzindo *O complexo de Portnoy*. Você escapa de uma série de círculos seguros — casa, bairro, fraternidade, Bucknell —, consegue até vencer o sortilégio da grande Gayle Milman para descobrir como é a vida "lá fora". Sem dúvida nos mostra onde fica esse "lá fora", mas guarda para si o que o está levando até lá, porque não sabe ou não pode falar sobre isso sem me ter como escudo.

É como se você tivesse trabalhado mentalmente na fórmula de quem você é, e estamos conversados. Tudo muito preciso — mas onde está a luta, onde está você como *lutador*? Talvez tenha sido fácil ir da Leslie Street para a Newark Rutgers, depois para a Bucknell, depois para Chicago, deixar a identificação judaica para trás no sentido religioso enquanto a retinha no sentido étnico, ser atraído para as possibilidades do país gói e sentir que desfrutava todas as liberdades dos demais. É uma das histórias clássicas do século xx nos Estados Unidos — sair de uma família étnica e se fazer na universidade. No entanto, ainda sinto que você não contou tudo que aconteceu. Porque, se não houve luta, então para mim não se parece com Philip Roth. Podia ser quase qualquer outra pessoa.

Há demasiada gentileza amorosa naqueles primeiros capítulos, um tom de reconciliação que me impressiona como algo suspeitosamente sem fundamento e muito diferente do que você costuma fazer. Em certo ponto achei que o livro devia se chamar *Adeus, deixando de ser bom*. Devemos crer que o lar cálido e acolhedor ali retratado é o mesmo em que foi criado o autor de *O complexo de Portnoy*? Uma estranha falta de lógica, mas, afinal, a criação não é lógica. Será que posso sinceramente lhe dizer que não gosto do prólogo? Um tributo contido, honroso e respeitoso a um pai trabalhador, consciencioso e decidido — como posso ser contra isso? Ou contra o fato de você se emocionar e ficar à beira das lágrimas pelo que sente por esse homem de oitenta e seis anos de idade. Esse é o incrível drama com que quase todos nós nos defrontamos na relação com nossas famílias. A coragem e a tristeza de seu pai ao se aproximar da morte o tocaram tanto, o expuseram tanto, que *todas* aquelas recordações parecem fluir dessa fonte. E o parágrafo final sobre o amor carnal por sua mãe? Muito bonito. Seus leitores judeus finalmente vão entrever com isso tudo que desejaram ouvir de você em três décadas. Que seus pais tinham um filho bom que os amava. E não menos louvável, dado que combina bem com a confissão de amor filial, é que, em vez de só escrever sobre judeus brigando uns com os outros, você descobriu o antissemitismo gói e por fim está falando sobre *isso*.

Naturalmente, todas essas coisas têm estado presentes e visíveis em sua obra o tempo todo, ainda que não para eles; no entanto, precisavam justamente disso, que você separasse os fatos da imaginação e os esvaziasse da potencial energia dramática deles. Mas por que suprimir a imaginação que lhe serviu por tanto tempo? Fazer isso implica uma terrível disciplina, eu sei, mas por que se dar ao trabalho? Especialmente quando descartar a imaginação a fim de atingir a base factual da ficção é com frequência tudo o que interessa, de fato, a muitos leitores. Por que será que quando eles falam de fatos sentem pisar em solo mais firme do que quando falam de ficção? A verdade é que os fatos são muito mais refratários, incontroláveis e inconclusivos, e podem na realidade matar o tipo de pesquisa que a imaginação propicia. Seu trabalho sempre consistiu em embaraçar fatos *com* imaginação, mas aqui você os está desembaraçando, separando, arrancando a pele de sua imaginação, expondo uma vida despida de imaginação — e esses leitores agora podem entender aquilo que resta. Trinta anos atrás, o "bom" menino foi visto como mau e, em consequência, ganhou uma enorme liberdade para *ser* mau. Hoje, quando as mesmas pessoas lerem aqueles trechos iniciais, o menino mau será visto como bom, e você será muito bem recebido. Quem sabe, mais do que qualquer argumento que eu possa apresentar, isso o convença a voltar a ser mau. Ou deveria convencer.

Sem dúvida, ao trazer ao mundo personagens essencialmente fictícios com personalidades insanas, você abriu as portas para ser mal compreendido sobre si próprio. Mas, mesmo sabendo que algumas pessoas o entendem mal e não têm a menor ideia de quem ou o que você realmente é, isso não me sugere que deva corrigi-las. Exatamente o oposto — considere um *sucesso* tê-las levado a crer nisso. O papel da ficção é justamente esse. Tal como as coisas estão, você se encontra numa situação bem melhor do que a maioria dos escritores que, como você sabe, andam por aí resmungando alto: "Ninguém me entende ou reconhece meu grande valor — ninguém sabe o que eu sou por dentro!". Para um romancista, esse deveria ser um problema bem-vindo. Como escritor, a pior coisa que pode lhe acontecer é ser amado e perdoado por todos os que vêm lhe dizendo há anos para escrever coisas menos indecentes — se há alguma coisa que pode dar cabo de uma carreira literária é o perdão amigável de seus inimigos naturais. Deixe que continuem recomendando aos amigos deles que *não* leiam você — limite-se a continuar se vingando deles usando sua imaginação, desista de lhes dar, com trinta anos de atraso, a história do bom menino na sinagoga. A questão essencial acerca de sua ficção (da de todos os Estados Unidos, não apenas a sua) é que a imaginação está sempre transitando entre o menino bom *e* o menino mau — essa é a tensão que conduz à revelação.

Por falar em ser amado, olhe só como você começa isso. O pequeno marsupial na bolsa de pele de foca de sua mãe. Não admira que de repente você exiba uma paixão secreta por ser afagado por todo mundo. Aliás, onde está a mãe depois disso? É bem provável que esse incrível amor carnal que você tem por sua mãe, e ao qual alude numa única frase do prólogo, não possa ser exposto de forma aberta, mas, excetuado o casaco de pele de foca, não há nenhuma mãe. Naturalmente, isso é muito significativo, aquele casaco diz quase tudo que é preciso saber sobre sua mãe naquela altura; mas persiste o fato de que sua mãe não tem um papel relevante em sua vida nem na de seu pai. Esse retrato de sua mãe é uma forma de dizer: "Eu não era o Alexandre de mamãe nem ela era minha Sophie Portnoy". Talvez seja verdade. Todavia, essa imagem de uma Florence Nightingale judia totalmente refinada ainda me parece notável por tudo que dá a impressão de omitir.

Nem tenho a mínima ideia do que se passa na relação com seu pai, com a ascensão dele no mundo, com sua queda no mundo, com sua nova ascensão. Há apenas impressões de você e de Newark, de você e dos Estados Unidos, de você e da Bucknell, mas o que está acontecendo dentro de você e da família não aparece, e não pode aparecer simplesmente porque se trata de você e não de Tarnopol, Kepesh, Portnoy ou de mim. Nos poucos comentários sobre sua mãe e seu pai, só há ternura, respeito, compreensão, todas essas emoções maravilhosas das quais eu desconfio em parte porque você me fez desconfiar delas. Muitas pessoas não gostam de você como escritor justamente pelas formas como convida o leitor a desconfiar daqueles mesmos sentimentos que agora você acolhe de público. Divirta-se, se quiser, com o pensamento de que é Zuckerman quem diz isso, o filho desprezado e eternamente amargurado por sua perda; console-se com isso, se quiser, mas nada apaga o fato de que não sou nenhum idiota e de que não acredito em você. Veja, o lugar de onde você vem não produz artistas, e sim dentistas e contadores. Estou convencido de que existe algo no romance de sua infância sobre o qual você não está se permitindo falar, embora sem isso o livro não faça sentido. Simplesmente não consigo confiar em você como memorialista tanto quanto como escritor porque, como falei antes, dizer o que você diz melhor lhe foi proibido aqui por uma consciência decorosa, cosmopolita, filial. Neste livro você amarrou suas mãos às costas e escreveu segurando a caneta com os dedos do pé.

Você vê seu começo, incluindo a Bucknell, como um idílio, uma pastoral, deixando pouco ou nenhum espaço para os conflitos internos, a descoberta em si próprio de uma faceta sombria, desgovernada ou não domesticada. Mais uma vez você pode ignorar isso e achar que é mais uma mania de Zuckerman, mas não estou convencido. Sua psicanálise é apresentada em pouco mais de uma frase. Me pergunto por quê. Não se lembra ou os assuntos eram embaraçosos demais? Não estou dizendo que você *é* Portnoy, como também não digo que você sou eu ou que eu sou Carnovsky;* mas, vamos lá, sobre o que você e o doutor conversaram por sete anos — sobre a camaradagem com seus inofensivos coleguinhas judeus no recreio? Na verdade, depois do prólogo e daquelas duas primeiras seções, vejo o protagonista se tornando um advogado, um médico, um agente imobiliário — ele teve sua aventura literária, seus divertimentos rebeldes, sua Polly gói e agora vai tomar pé na vida, casar-se com uma judia de boa família, ganhar dinheiro, ficar rico, ter três filhos... E, em vez disso, tem Josie. Por isso alguma coisa está faltando, existe um grande abismo — aquelas seções idílicas não levam à "Garota dos Meus Sonhos". Mesmo o fim do pequeno prólogo, evocando liricamente o vínculo carnal com sua mãe; por favor, me diga como é possível você passar dali para Josie? Como fica bem claro no texto, Josie não foi algo que apenas aconteceu com você, foi algo *que você fez acontecer*. Mas, se é assim, quero saber o que o levou a ela depois das tardes combativamente acolhedoras com Pete e

---

* Personagem que dá título ao romance escrito por Zuckerman, que equivaleria a *O complexo de Portnoy* de Roth. (N. T.)

Dick no seminário da srta. Martin. Sua história em Newark e Lewisburg nada teve de trágica — então, num período de tempo curtíssimo, você se vê mergulhado numa tragédia patológica. Por quê? Por que se mortificou numa união apaixonada com uma mulher que carregava um cartaz dizendo MANTENHA DISTÂNCIA, PROIBIDO SE APROXIMAR? Tem que haver alguma ligação entre o começo, entre todo aquele fácil sucesso inicial que culminou na Bucknell e em Chicago, e o fim. Mas não existe. Porque justamente o motivo ficou fora.

Nas peripécias com Polly, no encontro com a sra. Nellenback, na questão com *The Bucknellian*, não se sente que você esteja verdadeiramente infeliz e buscando algo diferente. Só de relance você toca em suas insatisfações; mesmo o conflito com seu pai é tratado de forma periférica, embora a nota de ressentimento, de crítica, de desgosto e sátira e afastamento se traduza com força em sua ficção. O que devo acreditar ser fingimento: a ficção ou isto? Tudo que você descreve de sua infância sem dúvida ainda está lá de modo incisivo — o indivíduo cortês, o sujeito simpático, o bom menino. O manuscrito está marcado pelo sujeito simpático. Na autobiografia você parece não ter tido escolha senão documentar o lado do sujeito simpático, esse padrão lhe sugerindo que provavelmente é mais sábio eliminar a livre exploração de quase tudo que entra na formação de uma personalidade humana. Onde antes havia uma rebelião satírica, agora há um profundo sentimento de fazer parte de alguma coisa. Nenhuma amargura, e sim gratidão, gratidão até mesmo para com a louca da Josie, gratidão até mesmo para com os judeus enraivecidos e a dor que lhe causaram. Obviamente, você não é o primeiro romancista a escapar das exigências exaustivas da invenção ficcional a fim de tirar breves férias se valendo das lembranças sem artifícios; mas, com isso, sufocou os impulsos menos sociáveis que, no final das contas, o tornaram um novelista. O fato é que não foi exatamente o lado do sujeito simpático que atacou o fígado da turma da Universidade Yeshiva. O que você *estava* explorando lá não veio do nada, como parece ter vindo aqui. Você estava explorando justamente aquilo que produziu a necessidade imperiosa de independência e de romper o tabu. Você estava explorando o que o compeliu a viver da vida imaginada. Suspeito que o que mais se aproxima de uma autobiografia desses impulsos foi a fábula *O complexo de Portnoy*.

Onde está a raiva? Você dá a entender que a raiva só surgiu *depois* de Josie, como resultado da possessividade insanamente destruidora dela, e depois da punição que os tribunais lhe deram. Mas duvido que Josie teria entrado em sua vida se a raiva já não estivesse lá. Posso estar errado, e você terá que me provar, me convencer de que bem cedo não descobriu algo de insípido na experiência judaica tal como a conheceu, algo de insípido na classe média como a conheceu, algo de insípido no casamento e na vida doméstica, algo de insípido até no amor — sem dúvida você deve ter sentido que Gayle Milman era insípida, senão jamais teria desprezado aquele templo de prazer.

Aliás, onde está o orgulho? O que falta aqui é o que faltou para conhecê-lo — você diz por que, sociologicamente, Josie pode ter se apaixonado por você, mas não diz o que a teria atraído em você. Me parece que você gostava de seu próprio jeitão e do que fazia, porém fala de modo dissimulado, ou não fala nada, sobre suas qualidades: "O lado exuberante de minha personalidade...". Que expressão mais fria e contida! Tremendamente pouco exuberante. Sem dúvida nenhuma britânica. Você fala de si mesmo como um bom partido, mas por que não se vangloriar mais em sua autobiografia? Por que uma autobiografia não deve ser egotista? Você fala do que precisou enfrentar, do que desejava, do que estava lhe acontecendo, mas raramente sobre como você era. Não pode ou não quer falar de si mesmo a não ser dessa maneira decorosa. Quando dá detalhes de como reagiu à notícia da morte de Josie, não esconde nada para parecer melhor. No entanto, acho que evita dizer por que essas mulheres se sentiram atraídas por você; pelo menos é dessa maneira que você age aqui. Mas claro que é tão impossível se manter cuidadoso, modesto e bem-comportado e ser um autobiógrafo revelador quanto ser tudo isso mais um bom romancista. Muito estranho que não compreenda isso. Ou talvez compreenda, mas, por causa da gigantesca separação entre como você é sincero consigo mesmo e como é sincero como artista, não consegue fazer isso e, portanto, ficamos com essa projeção fictícia e autobiográfica de uma pessoa *parcial*. Mesmo que você só tenha cortado um por cento, esse um por cento é o que conta — o um por cento que fica guardado para sua imaginação e que muda tudo. Mas, na verdade, isso não é raro. Na autobiografia, há sempre outro texto, um contratexto, se preferir, ao que é apresentado. Trata-se provavelmente do gênero literário mais manipulador que existe.

Seguindo em frente: quando você é jovem, ativo e inteligente, sem dúvida precisa negar aquilo que vê em si como parte da tribo. Rebela-se contra o tribal e busca o individual, quer ouvir sua própria voz e não a voz estereotipada da tribo ou do estereótipo da tribo. Tem de se estabelecer por si mesmo contra seu predecessor, e fazer isso pode muito bem implicar o que gostam de chamar de ódio a si mesmo. Creio que, apesar de todas aquelas negativas, seu ódio a si mesmo era real e uma força positiva graças à capacidade destruidora que possuiu. Como construir alguma coisa com frequência exige que alguma outra coisa seja destruída, o ódio a si mesmo é *valioso* para uma pessoa jovem. O que ela teria em vez disso: autoaprovação, autossatisfação, autoelogio? Não é tão ruim odiar as normas que impedem uma sociedade de avançar, em especial quando essas normas são ditadas tanto pelo medo quanto por qualquer outro motivo, e em especial quando se trata do medo das forças inimigas ou da maioria esmagadora. Entretanto, você parece agora tão motivado pela necessidade de se reconciliar com a tribo que nem deseja mostrar como no passado desaprovou as exigências descabidas dela, por mais inelutavelmente judeu que também se sentisse. O filho pródigo que lá atrás sacudiu a árvore tribal — e talvez até houvesse fortalecido a saúde da tribo — com o avançar da idade pode sentir o desejo de voltar para casa, mas será que isso não lhe parece ainda prematuro, você não está jovem demais para um sentimento tão forte como esse? Por mim, tendo a confiar no conto longo *Adeus, Colombus*, que você escreveu quando tinha vinte e poucos anos, como um guia mais genuíno de avaliação do casal Milman do que naquilo que você se dá ao trabalho de lembrar sobre eles agora. A verdade que você contou sobre isso há tanto tempo hoje você quer contar de forma diferente. Com cinquenta e cinco anos, com sua mãe morta e seu pai caminhando para os noventa, com certeza seu estado de espírito tende a idealizar a sociedade confinante que há muito deixou de impingir sacrifícios à sua alma, além de sentimentalizar as pessoas que, habitando hoje cemitérios em Nova Jersey ou comunidades de aposentados na Flórida, já não são fontes de desapontamento nem alvo da comédia de zombarias de que foi vítima a pobre Barbara Roemer e o *Bucknellian*.

Com cinquenta e cinco anos, você pode inclusive achar difícil se lembrar do grau de seu desespero juvenil com o modo como essas pessoas falavam, sobre o que falavam, sobre o que pensavam e como pensavam, sobre como viviam e, com toda a sinceridade, esperavam que seus filhos, gente como você e Gayle, vivessem. Com cinquenta e cinco anos, depois de todos os livros e batalhas, depois de mais de três décadas de desenraizamento e de haver refeito sua vida e sua obra, você começou a transformar o lugar de onde veio num refúgio sereno, desejável, pastoral, um lar que era fácil de dominar, quando eu suspeito que ele se assemelhava mais a uma prisão de que você tentou escapar cavando um túnel praticamente a partir do dia em que aprendeu a pronunciar sua expressão preferida, "para fora".

E, se estou certo, no final do túnel, esperando como uma cúmplice no carro de fuga, estava Josie, encarnando tudo que o refúgio judaico não era, inclusive as possibilidades de traição — elas também devem ter exercido alguma atração. Meu desconforto é que você se apresenta não como um engenhoso fugitivo que escapou de casa, e sim como pouco mais que uma vítima. Aqui estou eu, este inocente menino judeu e patriota norte-americano, filhinho querido da mamãe e aluno predileto da srta. Martin, criado em ambientes sem malícia, com todas aquelas pessoas ingênuas e bem-intencionadas, e caio de cabeça numa armadilha! Como se você ainda não se desse conta de como estava conspirando para que tudo aquilo acontecesse.

Ora, é bem possível que, nu na autobiografia, despido do senso de inexpugnabilidade que a imaginação narrativa parece conferir a seus instintos de autorrevelação, você não consiga entender com facilidade sua parte no processo; no entanto, depois da universidade, você simplesmente não se apresenta como responsável de modo algum pelo que está ocorrendo. Entra em cena Josie e, a seu juízo, tratava-se de uma caixa de Pandora: você a abriu e tudo saiu voando. Mas o que me faz resistir a essa ideia é a sua *perseguição* à mulher. O flerte inicial é encantador e poderia ter ficado por ali, entretanto você persiste. Não se afasta dela como também não se nega a ir falar na Universidade Yeshiva, sabendo, ao aceitar, que podia esperar por algum tipo de batalha humilhante e, digo eu, que *precisava* dessa batalha, desse ataque, desse pontapé, que precisava desse *machucado*, sua fonte de ira revigorante, a força motriz da rebeldia. Eles o vaiam, assobiam, batem os pés — você odeia isso, mas floresce com isso. Pois as coisas que o esgotam são também as que o alimentam e a seu talento.

Você só foi passivo com Josie porque não conseguiu controlá-la; de outro modo, tudo pode ser visto de forma diferente do que se lê aqui. Na verdade, você pode ser visto como o verdadeiro causador do problema, pondo diante dela, de forma tão tentadora, a sopinha quente de tomate de sua mãe. De forma paradoxal, você também pode ser visto como o agressor incansável que praticamente implorou a Josie que se comportasse como ela se comportou ao ignorar as implicações da família disfuncional dela. Como você sugere, até os mais inteligentes podem ser tremendamente ingênuos, porém qualquer um com tentáculos e antenas saberia que Josie significava um desastre, não necessariamente depois da primeira conversa, mas sem dúvida depois de três ou quatro semanas; pela maneira como você a retrata aqui, só um débil mental, o que você não é, não reconheceria nela um poder destrutivo. Pode-se dizer que você estava sugando cada gota do caos dela. Pelo menos, há mais ambiguidade em seu papel do que você deseja admitir. Todavia, falando de si próprio sem a proteção espertamente brincalhona da farsa ficcional, sem todas as exigências de uma narrativa livre, ampla e capaz de vencer a preocupação humana (embora artisticamente fatal) com sua vulnerabilidade, você é incapaz de reconhecer que foi mais responsável pelo que lhe ocorreu do que deseja se lembrar.

Se você quer entrar em reminiscências de modo produtivo, talvez devesse estar escrevendo, em vez de uma autobiografia, trinta mil palavras com base no ponto de vista de Josie. *Minha vida de mulher. Minha vida de mulher daquele homem.* Já ouço, porém, a objeção. "O ponto de vista dela? Será que você não entende? Ela não *tinha* um ponto de vista, ela era um monstro chupa-sangue. Ela tinha eram garras!" Sim, você a vê como uma filha da puta, não pode evitar isso nem nunca evitará, principalmente enquanto falar por você. Proponho que ela pode ser vista de modo diferente, e não como a Lucy Nelson casada com Roy

Bassart em *When She Was Good*, e sim como ela própria, casada com o verdadeiro adversário que você foi.

Você tem razão em descrevê-la como a filha adulta de um alcoólico, a vítima de uma vítima, portanto com o traço primário de alguém com aquele sofrimento interno, com a necessidade de culpar por sua desgraça qualquer coisa externa passível de culpa. A filha de um pai alcoólico culpa simplesmente o pai. Depois se casa e culpa o marido. Muito provavelmente se casa com um alcoólico, a menos que seja ela mesma alcoólica, como acredito fosse o caso de Josie. Acho que ela era mais alcoólica que esquizofrênica. Isso já lhe ocorreu? Você diz que, depois que a abandonou em Princeton, ela telefonava à noite para Nova York, bêbada, e o acusava de estar dormindo com uma negra. Portanto, sem dúvida ela estava bebendo — e talvez a progressão tenha sido lenta. Você também diz que, em meio a uma tentativa fracassada de suicídio, ela estava "bêbada e drogada". Quando viviam juntos você provavelmente bebia vinho antes e durante o jantar — lembra-se de quanto vinho ela tomava? Graças a toda sua concentração nos problemas que o afligiam, você parece ter prestado pouquíssima atenção em muita coisa que ela fazia, embora, justiça lhe seja feita, o que você poderia saber sobre alcoolismo com a formação que teve? Quando o caso é muito grave, os alcoólicos exageram qualquer característica negativa de seus infelizes companheiros e a jogam de volta para eles. Uma coisa muito destrutiva, muito *auto*destrutiva. Aquele truque da urina, que do seu ponto de vista ainda lhe parece bastante perverso, não foi visto assim por ela, você sabe. Quando bebem, as pessoas não apenas mentem, mas a distinção entre ficção e realidade nem sempre é clara para elas. Qualquer coisa minimamente plausível também pode parecer real. Josie estava totalmente convencida de que ela *era* a editora de seus primeiros contos publicados, para ela isso não constituía nenhuma mentira. E pensou que *poderia* estar grávida.

E que você *deveria* se casar com ela. E mesmo que não quisesse se casar com ela, Josie *precisava* que você se casasse com ela. Por isso apelou para aquele truque, a pequena Pearl Harbor de Roth. Mesmo o ciúme obsessivo, ela imaginar que você seria capaz de fazer alguma coisa com sua filhinha, para mim isso também representa parte do quadro.

Sim, estou convencido de que ela era alcoólica, que sua perturbação era hereditária, bioquímica, herdada do pai, e que você não sabia disso porque, primeiro, não tinha ideia do que era um *shicker** e, segundo, porque ela era muito jovem e saudável, se alimentava, e por isso a progressão não foi rápida. Além do mais, você queria vê-la com olhos dostoievskianos e não como uma simples candidata ao AA. Mais tarde, é óbvio, ela se destruiu — viciados como ela sempre perdem, o maior medo dos viciados sempre se torna realidade —, mas o tempo todo ela continuou acreditando que poderia ser boa, mas só quando *eles* fossem bons. Imagino até que ela *quisesse* mesmo ser boa. Se você a amasse. Se as crianças estivessem vivendo com ela. Se o pai dela tivesse sido melhor, se você fosse melhor, se alguma coisa externa mudasse, aí ela poderia ser boa outra vez!

Antes eu disse que você estava conspirando para fazer com que ela acontecesse em sua vida, que Josie foi sua cúmplice no carro de fuga, o que não significa que desejo negar inteiramente que você também foi uma vítima — a vítima da vítima da vítima. Você contraiu a doença, é assim que eu vejo, porque quando se convive por longo tempo com uma doença a pessoa também acaba infectada. Antes de se casar com Josie, você não era tão claramente irascível. Mas agora você se tornou um homem claramente muito, muito irascível. A tal ponto irascível que precisou de psicoterapia.

* Gíria para bebida alcoólica. (N. T.)

Você deve a ela essa grande explosão de raiva. Portanto, deve a ela *O complexo de Portnoy* mais do que a Lyndon Johnson.

Será que estou fantasiando? Compartilho do seu cacoete, porém minha ficção, se é que é ficção, ainda constitui menos ficção que a sua. Veja, qualquer coisa é melhor do que A Filha da Puta da Minha Ex-Mulher — simplesmente não consigo ler um troço desse. Certamente não desejo, ao sugerir que ela era alcoólica, aviltá-la ainda mais na escala humana; nem estou afirmando que, por não levar em conta que ela era alcoólica, você tenha caricaturado essa mulher ou a injustiçado. Estou dizendo apenas que é chegada a hora, vinte anos depois, de descobrir outro modo de enxergá-la. Ainda há uma tremenda quantidade de raiva armazenada naquelas coisas sobre a Josie, milhões de micróbios ainda muito ativos. Às vezes há um abismo gelado entre você quando escreveu este livro e você quando essas coisas aconteceram, às vezes não há. Senti o tempo todo que o livro é bastante ambíguo nesse sentido: às vezes você parece estar olhando para aquele homem de vinte e quatro anos, ou coisa parecida, de modo um pouco irônico e zombando dele, às vezes, você está olhando de novo lá para trás, para aquele indivíduo, e sentindo mais ou menos as mesmas coisas. Mas deve ser assim que todo mundo relembra a vida, algo perfeitamente legítimo.

Seja como for, será que *tudo* em Josie teve o propósito de ser vingativo? Suspeito que como ser humano ela foi ao mesmo tempo não só pior como também melhor do que você a retrata aqui. Sem dúvida houve momentos, em especial no começo — como você próprio insinua —, em que sentiu prazer na companhia dela e a achou atraente, e provavelmente ocasiões em que ela se mostrou uma psicopata tão cruel que você ainda não consegue encontrar a maneira adequada de descrever o desastre para o qual foi arrastado. Sei bem que você se esforçou para ser generoso na conclusão de sua história de horror dando a ela o crédito de ter sido sua professora de uma ficção levada ao extremo. Porém acho que isso tem a ver apenas com o desejo de surpreender — para se mostrar interessante, não por acreditar no que diz. Mas acontece que também é verdade. Associo o primeiro período de criatividade ao queridinho da universidade e o segundo a Josie. Tudo que você é hoje deve a uma *shiksa* alcoólica. Diga isso a eles na próxima vez que for à Universidade Yeshiva. Não vai sair vivo de lá.

Por último — ao contrário de você, vou me encarregar dela —, acho que deve dar a Josie seu nome verdadeiro. Não há razão legal que o impeça de utilizar o nome dela, e acho que você lhe deve isso. Deve isso a ela por sua condição de personagem; deve isso a ela não apenas porque seria uma coisa simpática a fazer, mas por ser uma coisa narrativamente forte a fazer.

Dê às outras mulheres o nome que quiser. (Imagino que todos os nomes femininos foram trocados, e por que não? O fato de alterá-los constitui apenas uma indicação de algo que o livro contém, isto é, o conflito sobre você ser ou não um sujeito simpático.) Como você vai chamá-las não é relevante, elas não são importantes, são intercambiáveis: são companheiras, objetos sexuais, parceiras, amiguinhas. Na verdade, o que aconteceu com essas mulheres é que você não apenas disfarça a identidade delas, mas também as protege de sua capacidade de entendê-las. Você faz isso aqui e, provavelmente, na vida — ou tenta fazer. Com elas, você interrompe uma porção de golpes (e interromper golpes deve realmente enfurecê-lo, como ocorre com quase todo mundo). Com Josie, no entanto, não há golpes interrompidos. A razão pela qual é correto dar a Josie seu verdadeiro nome é porque, de uma forma elementar, ela se aproxima demais de ser verdade. Josie é sobre o que *ela* era, as outras, de algum modo, são sobre você. Josie é a verdadeira antagonista, o verdadeiro contraego, não devendo ser relegada como as demais a uma espécie de papel alegórico. Ela é tão real quanto você — por mais de si mesmo que esteja ocultando —, ao passo que nenhuma outra pessoa neste livro é. Você dá a seus pais seus nomes verdadeiros, assim como a seu irmão — e, calculo, também a amigos de infância e da universidade —, e nada diz sobre essa gente. Que seja; de todo modo, é com Josie que você travou a batalha primordial que nunca travou com sua família, ou que não deseja travar quando se lembra deles agora, ou que só travou por procuração, através de Alexander Portnoy e de mim.

Falo da batalha primordial sobre quem vai sobreviver. Com as outras mulheres, fica claro que você vai sobreviver. As outras despertam sua maturidade, a desafiam e pressionam, e você responde à altura, enfrenta o desafio com facilidade. Com Josie, entretanto, você regride, e de forma ultrajante e perigosa. Ela o desmonta quando, em geral, você é quem domina todo mundo. Você as confronta, domina e, feito isso, as abandona. Mas ela o anula, o anula e o anula. Ao deixarem Roma naquele pequeno Renault, ela tenta até mesmo matá-lo. E depois morre. O projeto de Josie é encarnar a força destrutiva e derrotar as forças que buscam destruí-la. Ela é a heroína deste livro, não de modo agradável, mas isso não vem ao caso quando se trata de personagens principais. Josie é a personagem que você buscava. Ela lhe proporcionou, na verdade, uma chance incrível — de fugir de se tornar a consciência dominante de todas as situações. Ela o enganou, o iludiu. Você foi ludibriado. Alguém mentalmente muito ardiloso, que capta as reverberações de tudo que é dito, alguém hipersensivelmente consciente do efeito que provoca e muito habilidoso em avaliá-lo — esse alguém já não controlava a situação. Ela, sim. Honre com o nome dela o demônio que fez isso, a psicopata através de cujos serviços você conquistou a liberdade de não se tornar um bom menino simpático, analítico e adoravelmente manipulativo que jamais se tornaria um escritor respeitável. Premie com o verdadeiro nome dela a força destrutiva que, juntamente com os judeus raivosos, o jogou, urrando, numa luta contra a repressão, a inibição, a humilhação e o medo. Segurança fanática, insegurança fanática — essa dualidade dramática que você vê nos judeus, Josie desenterrou no judeu dela, e a explorou belamente. E com você, assim como com outros judeus, isso não é simplesmente onde o drama está enraizado, mas onde a loucura começa.

É apenas justo que o nome dela conste aqui, tal como o seu consta.

Também não gosto da forma como você trata May. Não me refiro a como a tratou na vida real; isso não me interessa. Refiro-me à maneira pela qual ela é tratada como um tema daqui. Você perde de vez a cabeça — o judeuzinho plebeu de Newark fica muito impressionado: como ela é calma, que aparência aristocrática ela tem, como as próprias curvas de seu corpo atestavam sua falta de malícia, ou melhor, sua *integridade*, como seu apartamento no East Side era classudo. "O apartamento de May [...] era grande e mobiliado com conforto, sem ser decorado de modo artificial ou pretensioso. [...] refletia [...] o gosto tradicional de sua classe [...]." O *mau gosto* de sua classe. Não há nada pior que o gosto da camada superior de anglo-saxões brancos e protestantes dos Estados Unidos. Refinada? Imagino que até você possa ter tido uma criação mais refinada que a de May Aldridge. Talvez economicamente apertada, inculta, profundamente convencional, mas sem dúvida sua mãe possuía dignidade; e mesmo quando o Chefe vai visitar a casa, e toda a família sente um respeito acachapante por ele, ainda há dignidade em seu pai. Formação educacional precária, nenhuma cultura mais elevada, porém de modo algum *não* refinado. Aposto que a educação de May esteve privada de boa cultura. A família dela com certeza nunca leu um livro de verdade; talvez tenham frequentado as escolas certas, mas aposto que nunca leram os livros certos e pouco se lixaram para eles. Entretanto, você não enxerga isso aqui, não é mesmo, tão impressionado estava. Naturalmente, naquela época você *estava* mesmo impressionado — mas tanto assim?

Não creio. Como leitor de *O complexo de Portnoy*, de *Minha vida de homem*, como leitor do que você diz aqui sobre a Metropolitan Life discriminar os empregados judeus na época de seu pai, desconfio muito que a classe social de May, a criação e o gosto dela, em vez de impressioná-lo, devem ter lhe inspirado uma forte aversão. Aposto que, como vingador de seu pai, você até mesmo tenha repreendido May às vezes, quando ela exibiu hábitos de sua classe e de sua educação. Mas sobre isso, nada. Seja sincero — o que você *não gostou* em May? Deve ter havido muita coisa, uma vez que a abandonou; não acredito que tenha sido apenas para buscar a liberdade de sua juventude — você também queria se livrar dela por uma boa e específica razão. Sendo assim, que razão foi essa? Depois de um colapso emocional, ela saiu da Universidade Smith e voltou para Cleveland. Não houve nenhum efeito secundário, nenhuma herança de perturbação que você não suportou? Ela era lindamente imperturbável ou totalmente reprimida? Ou as duas coisas não podiam ser separadas? A natureza "delicada" dela devia ser tão irritante para você — por tudo que implicava em termos de vulnerabilidade e incapacidade de se defender — quanto reconfortante de início, depois dos ataques de fúria de Josie. É cavalheiresco apontar a si mesmo como a única razão para terminar o relacionamento, mas numa autobiografia cavalheirismo é fuga e mentira. Talvez você continue um pouco apaixonado por ela ou goste de pensar que está. Talvez, aos cinquenta e cinco anos, você de repente tenha se apaixonado por aqueles anos de sua vida. Porém a idealização de May não ocorreu naquela época, não é verdade? Idealizá-la é uma necessidade desta autobiografia.

Você não queria outra mulher mentalmente comprometida. *Essa* é a razão. Obviamente ela não tinha a aspereza proletária de

Josie; May era plácida, sufocava seus sentimentos, mantinha a fachada. Mas, por favor, me diga: qual era o vício *dela*? Ingeria muitas pílulas, como Susan McCall, sua evidente encarnação em *Minha vida de homem*? Sem dúvida Susan recorrer a pílulas representa algum vício, caso não seja apenas por pura e simples necessidade. O maior medo de todo viciado é o medo da perda, o medo da mudança. Os viciados estão sempre à procura de alguém de quem possam depender, *precisam* ser dependentes, e você era perfeito. Afinal, foi criado para ser confiável, e essa confiabilidade constitui um ímã para as pessoas mentalmente comprometidas, seja pelo vício, seja pela falta dos pais, seja por ambas as coisas. Elas o agarram e não largam mais, e como você *é* confiável não acha fácil abandonar uma tarefa pelo meio, em especial quando sua confiabilidade está sendo testada — Josie levou esse teste ao extremo, tão ao extremo que depois de algum tempo fez você se casar com ela. Você é uma muleta, se sente lisonjeado em ser uma muleta, corre para ampará-las e depois, quando as está amparando, começa a se perguntar: "Será que eu quero ser uma muleta?". Lembrei-me agora daquela verdadeira maratona em *Minha vida de homem* para fazer Susan gozar. Algo parecido neste livro? Claro que não. Aqui você não investiga nada sério de natureza sexual e, algo surpreendentemente, chega a dar a impressão de que nunca foi movido por sexo.

(Aliás, e Polly? Ela também era viciada? Aqueles martínis que você menciona. Mas talvez eu esteja indo longe demais para fundamentar meu argumento, para descobrir um padrão. Na realidade, você parece retratá-la com precisão — a doce garota do primeiro romance. No entanto, outra filha sem pai. A única *sem* vício e *com* um pai poderoso e fortemente presente foi Gayle Milman, nossa garota judia de um bairro residencial de Nova Jersey. Ela era mais interessada em sexo e, segundo você, teve mais tarde uma carreira audaciosa, desafiadora e destemida como a expatriada mais desejada de toda a Europa. *Ela* não precisaria de você como muleta. Nunca. Precisava de você como um pênis. Por isso a abandonou pela viciada Josie. Vá explicar *isso*.)

Mesmo que eu esteja errado e May não fosse nada do que sugiro, você nem ao menos começa a pintar um retrato correto dela. Não parece ter coragem — atrevimento, ousadia — de fazer numa autobiografia aquilo que considera absolutamente essencial num romance. Nem diz aqui, como poderia fazer com facilidade numa nota de rodapé ou apenas de passagem: "Sinto-me inibido de escrever sobre May. Embora seu nome tenha sido modificado, ela ainda está viva e não quero feri-la, por isso seu retrato terá um formato idealizado. Não é um retrato falso, mas simplesmente parte de um retrato". Mesmo isso está acima de suas forças, se é que a ideia um dia tenha lhe ocorrido. Ela é tão vulnerável, essa May, que até mesmo afirmar tal coisa pode feri-la terrivelmente. Mas a que você reage diante dessas mulheres cuja saúde mental tenta em vão recuperar? O fato de elas serem indefesas demais para rechaçá-lo? No entanto, por que seria assim, tendo tido a mãe carinhosa que descreve aqui? A menos que também esteja idealizando sua mãe, e aí teríamos outro retrato parcial de outra pessoa pela metade. (A não ser que você tenha falsificado *todo mundo*!) Talvez, ao cuidar dessas mulheres, você estivesse cuidando de si próprio, convalescendo de suas batalhas, e a razão de recuar no fim, como fez com May, é porque está recuando da convalescença, porque no momento sente-se recuperado. Talvez, mais que a dependência dessas mulheres, o que o atraia nelas é a condição extrema em que se encontram, a intensidade desse estado. Repito: *aquilo que o esgota é também aquilo que alimenta seu talento.* Sim, há um mistério atrás do outro a ser desvendado, uma vez que você abandona os disfarces da autobiografia e entrega os fatos à imaginação para que ela trabalhe com eles. Não, a distorção chamada fidelidade *não* é seu métier — você é simplesmente real demais para encarar a revelação total. É através da dissimulação que você se liberta das exigências falsificadoras da "franqueza".

Você também não me engana quando de repente traz alguém de fora para corroborar seus "fatos": Fred Rosenberg escreve isso, Mildred Martin anota aquilo, Charlotte Maurer lembra-se do seguinte, o artigo "Papai Portnoy" confirma isso ou aquilo, como se um punhado de testemunhas escolhidas a dedo, que praticamente nada viram, fosse nos convencer de tudo mais. Não estou dizendo que esta seja a autobiografia convencional e autocongratulatória de uma celebridade. Não estou dizendo que a cena primitiva e pré-histórica de você sentado junto ao local onde Josie teve uma morte violenta, um viúvo feliz deixando-se aquecer pelo sol, é o que se costuma encontrar em autobiografias. No entanto, de modo geral isso é o que se tem com Roth sem Zuckerman — é o que praticamente *qualquer* artista sem sua imaginação produziria. Seu instrumento para uma autoevisceração realmente impiedosa, seu instrumento para uma genuína autoconfrontação sou eu.

Mas você sabe muito bem disso, e quase o diz numa frase perto do final de sua carta. "Isso não quer dizer que eu não tenha tido de resistir ao impulso de dramatizar falsamente aquilo que não era dramático o bastante, de complicar o que em essência era simples, de sugerir implicações onde não havia outras conotações — a tentação de abandonar os fatos quando eles não eram tão convincentes quanto outros que eu seria capaz de imaginar se, de alguma forma, pudesse me obrigar a superar a fadiga de criar ficções."

Bem, você resistiu ao impulso tentador, mas com que objetivo? Se a tarefa valeu o esforço, isso é algo que você faria bem em avaliar cuidadosamente antes de levar o livro a seu editor. Aliás, se eu fosse você (nada impossível), eu também teria me perguntado o seguinte: se eu poderia aceitar numa autobiografia aquela parte minha — e de Polly, de May, de Mamãe, de Papai e de Sandy — que aceito num romance do Zuckerman; se eu poderia aceitar o inaceitável numa autobiografia; se os fatos realmente vergonhosos podem ser tolerados por inteiro, ou até mesmo percebidos, sem a panaceia da imaginação. Daí a mitologia e uma vida sonhada, daí o drama grego e a ficção moderna.

Vou deixá-lo com os comentários — e com as preocupações de fim de noite — de outro leitor, minha mulher. Ela passou a noite mergulhada em seu manuscrito, sentada do outro lado da escrivaninha de onde lhe escrevo. Como você sabe melhor do que ninguém, Maria Freshfield Zuckerman descende de aristocratas ingleses sem terras, estudou em Oxford, é uma morena bonita de vinte e oito anos, tem quase a minha altura, é dezessete anos mais nova do que eu e representante de uma formação cultural marcadamente diferente da sua e da minha. Tem uma filha do casamento anterior, Phoebe, uma menina doce e tranquila de quatro anos, e se aproxima do oitavo mês de gravidez de nosso primeiro filho. Maria continua sendo a filha dedicada de uma mãe que mora numa cidadezinha de Gloucestershire, mulher bem-nascida e sem o menor vestígio de filossemitismo, embora tenha conseguido até agora demonstrar um escrupuloso tato no relacionamento comigo. A aversão generalizada da sra. Freshfield aos judeus — que a invejosa e instável irmã mais velha de Maria fez questão de explicitar *sem o menor* tato — foi a causa de um desentendimento quase desastroso entre mim e Maria pouco depois que cheguei aqui. A partir de então, decidi ignorar o preconceito da mãe dela e o ressentimento da irmã desde que não os exibam diante de mim. Se, entre seus vizinhos na encantadora cidadezinha de Chadleigh, a sra. Freshfield deplora meu semblante "mediterrâneo" — sua reação ao ver minha foto meses antes do casamento —, não me importo nem um pouco.

196

Quanto à minha barba, seu propósito não é, como Maria afirma, me fazer ainda mais inegavelmente semítico do que já sou. Para começar, quando parei de me barbear há três meses, eu não fazia ideia da aparência de rabino que eu ia adquirir. Se houve algum motivo, a decisão em princípio inconsequente de viver por uns tempos como um homem barbado teria a ver com o fato de, com quarenta e cinco anos, eu estar prestes a me tornar pai. Casar-me pela quarta vez, deixar meu apartamento de Nova York e comprar, com uma visão de longo prazo, esta casa grande em Londres à margem do Tâmisa (e reconstruí-la em boa parte), me instalando como expatriado em meio à vida toda inglesa de Maria — tudo isso, creio eu, é que me levou a fazer em mim mesmo uma sinalização simbólica de que sou um homem de meia-idade vivendo uma grande transformação.

Apesar disso, hoje de manhã, quando saí do banheiro ainda sem me barbear, Maria disse: "Você simplesmente não deixa essa coisa morrer". "Que coisa morrer?" "Zuckerman no milharal dos estrangeiros." "Mas já está morto de vez para mim." "Como pode fingir que acredita nisso por trás dessa coisa horrorosa? Você está querendo provocar, não está?" "Não tenho a menor intenção de prejudicar minha nova vida maravilhosa provocando ninguém. Por outro lado, se para agitar os nativos basta uma barba..." "Os nativos não dão a mínima importância. O que me assusta é você se agitando. Não nos ajudaria viver isso outra vez." Garanti que não aconteceria. "É um adorno inócuo", eu disse, "não significa nada."

E acabou por aí, eu pensei, até que seu manuscrito chegou, eu o li duas vezes durante o dia e Maria terminou de lê-lo apenas uma hora e meia atrás. Desde então ela ficou sozinha na cama, completamente fora de si. E, veja bem, no jantar sua única preocupação era o corte de cabelo que fez à tarde. "Ele sempre corta as partes erradas", ela me disse. "Por exemplo, por que isto aqui está tão curto?" Sugeri que mudasse de cabeleireiro, mas, como ela é uma pessoa extraordinariamente racional, cem por cento prag-mática, admiravelmente flexível e que odeia reclamar, disse: "Bem, ele acerta duas em cada três vezes". Ela estava um pouquinho mais nervosa por termos contratado uma nova babá na semana passada. Com uma nova babá, ela me diz, há sempre o medo de que seja uma psicopata que simplesmente adore torturar crian-ças. "Deixei-a mais feliz prometendo que vamos comprar uma secadora de roupas nova", disse Maria. "Você sabe, isso é necessá-rio — as babás precisam de secadoras de roupas novas e de férias no exterior, senão pensam que estão trabalhando para as famílias erradas." Esse era o tamanho de suas apreensões, quase todas fin-gidas. Ela é uma mulher tremendamente cooperativa, cheia de tato, estrategicamente moderada e, numa crise, razoável e esplên-dida. Como sempre, foi um jantar muito ameno.

Depois ela leu seu livro, erguendo os olhos do texto umas quinze vezes para me dizer o que estava sentindo. Confio na maneira realista como ela encara os livros, semelhante à forma como avalia as pessoas. Segue uma amostra dos comentários dela, culminando com as palavras carregadas de angústia que pronun-ciou antes de correr para o quarto, me incumbindo da tarefa de lhe apresentar nosso apelo.

1. Maria localizou *o problema* (para ela) imediatamente. "Ai, ai", disse, minutos depois de começar a leitura, "ele e toda essa coisa de judeu de novo, hein? Não é um bom presságio, não acha?" "Para nós? Não significa nada, de qualquer forma", res-pondi. Ela não deu a impressão de estar convencida, mas não disse mais nada. Maria não se repete, e quando nos conhecemos ela chamou minha atenção para o fato de eu fazer isso. "Por que", perguntou, "você precisa dizer tudo duas vezes?" "Eu faço isso?" "Faz. Quando você quer que alguém faça alguma coisa, você diz tudo duas vezes. Obviamente, está acostumado a ser desobedecido." "Bem", eu disse, "a *minha* vida não foi exata-

mente sem luta." "Eu mal digo as coisas uma vez." "Me pergunto se não tem a ver", continuei, "com a forma diferente pela qual fomos criados." "Essas formas diferentes", ela disse, "são às vezes tudo em que você consegue pensar..."

2. "Sempre voltado para a infância dele", ela disse de você; depois sobre ela mesma: "Já tive o bastante da minha infância, muito obrigada. Chega".

3. Uma hora se passou antes de eu erguer a cabeça de novo. "Sem dúvida", ela disse, "deve haver um momento em que até *ele* fica entediado com a história da vida dele."

4. Eu estava distraído, datilografando um rascunho desta carta, quando reparei que ela me observava atentamente. Metade do manuscrito estava em seu colo, a outra metade no chão, em volta da cadeira. "O que foi?", perguntei. "Bem, não sei por que vocês, escritores, precisam ser narcisistas", ela disse. "Tenho a impressão de que é uma dessas falhas de personalidade que as pessoas levam para o trabalho." "Também temos uma personalidade obsessiva", eu disse. "Sim", ela retrucou, "e é aí que o verdadeiro problema começa." Ela está se referindo à minha barba, pensei obsessivamente.

5. Maria sobre sua nêmesis e arqui-inimiga. "Não me surpreende nem um pouco que, com vinte e cinco anos, ele não conseguisse enfrentar essa mulher que, em termos carnais, tinha muito mais fogo nas entranhas. Não é nada estranho que ele não soubesse combater isso. Pessoas civilizadas são sempre convencidas a fazer coisas que não querem por gente que não é civilizada. As pessoas são extremamente fracas. Sei que faz parte da conversa fiada de psicanalistas que ninguém faz nada que não quer. Só que isso não leva em conta o fato de que as pessoas também são fracas e, a certa altura, simplesmente cedem. Infelizmente sou uma autoridade no assunto. Ele pode não querer admitir aqui, mas acho que seu casamento se resume nisto — na fraqueza dele."

6. "Estranho. Da forma como ele constrói a coisa, tudo é uma luta contra as forças que o convidavam a perder sua liberdade. Manter a liberdade, cedê-la, retomá-la — só um norte-americano seria capaz de ver o destino de sua liberdade como o tema recorrente de toda a sua vida."

7. Sobre a aleatoriedade: "Nada é aleatório. Nada que acontece com ele é por acaso. Tudo que ele diz acontecer em sua vida acaba lhe sendo útil de alguma forma. Coisas que parecem insensatamente destrutivas e venenosas, coisas que num primeiro momento parecem um desperdício, coisas revoltantes e nocivas são as que, por exemplo, ressurgem em *O complexo de Portnoy*. À medida que as pessoas vão entrando na vida dele, o leitor já começa a se perguntar que utilidade vão ter em sua vida. O que a pessoa vai lhe fornecer sob a forma de livro? Bem, talvez seja essa a diferença entre a vida de um escritor e a de uma pessoa comum".

"Só o tema", eu disse, "*constitui* a experiência formativa dele como escritor. A aleatoriedade não é um tema — isso é *Ulisses*."

"Sim, os fatos, no que concerne a ele como escritor, têm a ver com quem ele é como escritor. Mas há uma porção de outros fatos, tudo que circula em volta e não é coerente ou *importante*. Esta é uma narrativa extraordinariamente, incansavelmente coerente, e só. E a pessoa que é mais incoerente, Josie, precisa ter sua incoerência moldada por ele. O que estou querendo dizer, acho, é que me interesso pelas coisas que um autobiógrafo como ele não põe na autobiografia. Coisas que as pessoas consideram corriqueiras. Por exemplo, quanto você precisa para se sustentar, o que você come, qual a vista de sua janela, por onde você passeia. Talvez, pelo menos, devesse haver um pouco do que Cícero chama de *occupatio*. Você sabe: 'Não vou falar sobre isso porque quero falar sobre aquilo', e desse modo acaba falando sobre isso." "Qual é o nome?", perguntei. "*Occupatio*. É uma dessas figuras de retórica latinas. 'Não vamos falar da riqueza do Império Romano, não vamos falar da majestade das tropas invasoras et cetera' — e, ao não falar, se está falando. Um recurso de retórica em que você menciona alguma coisa afirmando que não a mencionará. A questão é saber se *alguma vez* alguma coisa aconteceu com ele que não fizesse sentido. Porque noventa e nove por cento das coisas que acontecem comigo não fazem sentido para *mim*. Mas talvez seja porque eu não tenha tomado nota delas, não fico pensando nelas o tempo todo, me perguntando todo dia qual o significado disso e daquilo. Ele faz com que tudo tenha um *significado*, quando na vida não acredito que seja assim. Na vida, a mente não é o elemento que parece ser aqui, na minha vida sem dúvida não, e aposto que na dele também não. Não significa que ele esteja apresentando uma imagem enganosa para se valorizar, porque em geral, para mim, é o contrário. Ele me passa a impressão de ser estreito, obcecado e, meu Deus, incapaz de sentir prazer! Com certeza não está interessado na felicidade, isso fica bem claro. Acho que, se alguma coisa não faz muito sentido em seu padrão geral das coisas, ele cai no maior tédio ou se apavora. Ele me dá a impressão de ser um pouco como você era." "Antes de ser apresentado à aleatoriedade inglesa." "Isso mesmo", ela disse, "ao fato de que tudo não está aqui para ser compreendido e usado, mas também porque — surpresa! — é a vida. A existência não está sempre implorando pela intervenção do romancista. Às vezes está implorando para ser vivida!"

8. Por fim, o que você suscitou sobre homens e mulheres. "Às vezes acho que os homens sofrem de uma neurose profunda com relação às mulheres", Maria me disse. "É mais ou menos uma suspeita, eu não apostaria um tostão nisso, mas acho que — desculpe a natureza infantil desta observação — depois de ler todos os tipos de livros e devido à minha experiência, os homens têm um pouco de medo das mulheres. E por isso se comportam do jeito que se comportam. Claro que muitos não têm medo de

mulheres individualmente, e talvez muitos não tenham medo de mulher nenhuma. Mas, pela minha experiência, a maioria dos homens tem." "Você acha", perguntei, "que as mulheres têm medo dos homens?" "Não", ela disse, "não da mesma forma. Como você sabe, eu tenho medo de *gente*. Mas não um medo particular dos homens." "Bom, talvez você esteja certa", eu disse, "embora 'medo' seja uma palavra forte demais." "Então, 'desconfiança'", Maria disse.

Quando ela terminou de ler, perguntei o que você me perguntou: deve ser publicado? "Se ele quer", ela disse, "por que não?" "Simplesmente porque", respondi, "a vida dele só pode ser contada através da imaginação. A inibição é tremenda nesse gênero. A autocensura, que se vê aqui por toda parte. Ele não está dizendo a verdade sobre sua experiência pessoal. Com a máscara de Philip, não é capaz de fazer isso. Com a máscara de Philip, ele é bonzinho demais. É o menininho que esfrega o rosto no casaco de pele de foca da mamãe. Não estranha que comece com isso." "Como a mulher de um romancista que pode acabar virando tema do marido, não sou alguém que compare bonzinho com nazismo." "Mas é mineração a céu aberto", eu disse, "não muito mais que isso. O livro é fundamentalmente defensivo, embora ele controle isso. Tal como fazer constar esta carta no final é um truque de autodefesa para se proteger dos dois lados. Nem sei mais quem de nós dois foi escalado como testa de ferro. De início pensei que fosse ele na carta para mim, agora sinto que sou eu na carta para ele. É irrelevante dizer que não confio nele, quando a mensagem está na manobra: eu sei disso, mas não confio. Sem dúvida, ele fala com grande liberdade sobre seus pontos fracos, mas só depois de escolher com imenso cuidado sobre que pontos fracos falar." "Bem, se anime", disse Maria, "talvez ele comece a fazer a mesma coisa com você." "Não, o que está motivando a seletividade dele é o mais puro interesse próprio. Não, nem sua discrição nem sua vergonha entram em jogo quando se trata de *me* retratar. Nisso ele tem *toda* liberdade. E, no que concerne a você *e* a mim, não é provável que seja tão delicado e circunspecto quanto com May e consigo próprio. *Aquele* romance de contradições antropológicas é praticamente indolor, ou assim ele diz. Onde está a mãe antissemita de May? Se existiu, nos bastidores em Cleveland, não incomodou ninguém. Onde está a irmã antissemita de May? Não existe." "Enquanto as minhas", disse Maria, incapaz de continuar contendo sua ansiedade, "as minhas estão praticamente ali na esquina! As minhas praticamente vêm para a cama conosco toda noite! Por favor, não podemos nos limitar a uma discussão teórica sobre literatura?" "Podemos. Eu só estava mostrando o que nos torna mais interessantes que eles." "Mas eu não *quero* ser interessante! Quero ser deixada em paz com coisas que não tenham nenhum grande interesse. Criar um filho. Não descuidar de uma mãe que está envelhecendo. Permanecer mentalmente sã. Desinteressante, nada importante, mas é *disso* que se trata. Admito que da vida só se leve um falso prazer, mas até quando vamos ser perseguidos pelo diabo da fixação dele com os judeus! Me recuso a permitir que ele faça disso um imenso problema outra vez! Não quero dançar. Não *vou* dançar toda vez que ele puser a merda do disco judeu dele para tocar! Especialmente porque não há um grão de antagonismo entre você e mim, especialmente quando nos damos tão *bem* — a não ser quando ele começa com *isso*! Houve vários meses, depois da confusão com minha mãe, em que tudo pareceu estar resolvido, simplesmente um longo e adorável período de tranquilidade e amor. O que as confrontações sobre isso *resolvem*? Quem se importa, além dele? Pensei que sua resolução de Ano-Novo era não dar muita importância a esse tipo de coisa. Aí vem essa barba! Ah, Nathan, você realmente acha essa barba uma boa ideia? Você sempre parece sentir a necessidade de explicar o que ninguém está lhe pedindo para explicar — seu direito de ser, de estar *aqui*. Ninguém *precisa* desse tipo de autorização sua. Esses são — e não se irrite comigo por eu dizer isto —, esses são sentimentos típicos de um judeu, e sinceramente acho que, se não fosse por ele, você não os teria. Não sei — você acha que ajudaria procurar alguém, ter uma espécie de apoio psiquiátrico sobre essa questão judaica? Passar a noite inteira lendo este livro... e agora me sinto indefesa com relação ao que eu simplesmente sei que vai acontecer!"

Agora ela está deitada sozinha no quarto às escuras, aterrorizada com a possibilidade de nunca sermos outra coisa senão aquilo que você, com sua biografia obsessiva, determinar; que nunca teremos a boa fortuna, ou nosso filho, de viver como aqueles personagens que, segundo alguns autores inocentemente afirmam, em certo momento "assumem o controle" e ditam sua própria narrativa. O que ela está dizendo é: "Ah, meu Deus, lá vem ele de novo — vai foder conosco!".

Será que Maria tem razão? O que *vai* acontecer? Por que, nesta Inglaterra dela, me foi *dada* esta barba aparada de pelos duros e grisalhos? O que começou de modo bastante inconsequente agora vai produzir resultados que, conquanto ridículos, nos farão tropeçar de novo? Será que nosso contentamento harmonioso pode durar muito mais quando o futuro da família está sendo determinado por alguém com sua queda pela comoção dramática? Como podemos realmente crer que a barba não significa nada, quando você, que me impingiu essa aparência de rabino, até mesmo em suas poucas primeiras páginas parece estar mais preocupado do que nunca com o abismo entre góis e judeus? Será que este meu quarto casamento deve ser destruído porque você, ao chegar à meia-idade, descobriu dentro de si a paixão pela tribo e a vontade de se reconciliar com ela? Por que sua preocupação incansável com as agruras dos judeus precisa ser a cruz que *nós* temos que carregar?

Quem somos nós, no final das contas? E por quê? Sua biografia não conta nada do que ocorreu em sua vida que *nos* tenha feito sair de dentro de você. Há um enorme silêncio sobre tudo isso. Me dou conta de que o tema aqui é como surgiu o escritor, mas, do meu ponto de vista, o mais interessante seria saber o que aconteceu para fazer com que você escrevesse sobre mim e Maria. Qual a relação entre essa ficção e os fatos de sua vida atual? Temos que adivinhar, isso se conseguirmos. O que estou fazendo exilado nesta casa de Londres com uma mulher que não quer perturbações em sua vida pacífica? Quanto mais de paz devo esperar sendo quem sou? Os cortes de cabelo dela, a babá, a secadora de roupas — quanto mais dessa vida doméstica tão intensa e ordenada que no passado eu almejei sou capaz de suportar? De fato Maria está criando para mim uma "bela" existência pela primeira vez em minha vida, é uma especialista em modos de vida calmos, agradáveis e civilizados, numa vida serena e silenciosa, mas o que isso fará de mim e do meu trabalho? Será que você está sugerindo que, sem as brigas, sem a raiva, sem os conflitos e a ferocidade, a vida é incrivelmente tediosa, que não há alternativa para a obsessão fanática que possa transformar alguém em escritor, exceto esses jantares simpáticos em que, à luz de velas e com uma boa garrafa de vinho, se conversa sobre a babá e o corte de cabelo? Será que a barba representa um protesto contra a palidez de tudo isso — contra essa aleatoriedade? Mas e se o protesto progredir estranhamente para um conflito arrasador? Vou me sentir péssimo!

Bom, aqui está. Ou não está. Vou manter este desabafo, por mais absurdo que seja esperar que minha súplica mais emocional possa mudar o destino imaginativo que você traçou para si mesmo há tanto tempo. Da mesma forma, não vou voltar atrás e mudar minha argumentação anterior — que seu talento para a autoconfrontação fica mais bem servido me tendo como companhia —, muito embora tal argumento, caso o convença, praticamente garanta a realização de nossos piores medos. Ninguém que deseja ser digno de séria consideração como personagem literário pode esperar que o autor dê ouvidos a um pedido de tratamento especial. Uma solução implausível para um conflito insolúvel comprometeria tanto a minha quanto a sua integridade. Mas, sem dúvida, um escritor consciente como você deve questionar se um personagem que luta interminavelmente com o que parece ser o drama necessário de sua existência não está sendo, na verdade, uma vítima gratuita e cruel da encenação de um ritual neurótico por parte do escritor. Tudo que posso pedir é que tenha isso em mente na hora de eu me barbear amanhã de manhã.

Sempre seu,
Zuckerman

P.S.: Eu não disse nada sobre seu colapso nervoso. Claro que me preocupei ao saber que, na primavera de 1987, o que deveria ser uma cirurgia simples se transformou em um longo martírio físico que desembocou numa depressão, deixando-o à beira da dissolução mental e emocional. Mas estou pronto a confessar que me preocupo tanto por mim e meu futuro com Maria quanto por você. Agora isso *também*? Tendo argumentado exaustivamente contra minha extinção ao longo de cerca de oito mil palavras escolhidas com muito cuidado, ao que parece só garanti outra rodada de verdadeira angústia! Mas qual é a alternativa?

ESTA OBRA FOI COMPOSTA POR OSMANE GARCIA FILHO EM MINION
E IMPRESSA PELA GEOGRÁFICA EM OFSETE SOBRE PAPEL PÓLEN SOFT DA
SUZANO PAPEL E CELULOSE PARA A EDITORA SCHWARCZ EM AGOSTO DE 2016

A marca FSC® é a garantia de que a madeira utilizada na fabricação do papel deste livro provém de florestas que foram gerenciadas de maneira ambientalmente correta, socialmente justa e economicamente viável, além de outras fontes de origem controlada.